WOLFGANG HERLES
MEHR ANARCHIE, DIE HERRSCHAFTEN!

WOLFGANG HERLES

MEHR ANARCHIE, DIE HERR- SCHAFTEN!

EINE ANSTIFTUNG

LMV

© 2023 LMV, ein Imprint der
Langen Müller Verlag GmbH, München
Alle Rechte vorbehalten
Umschlaggestaltung: Sabine Schröder
Umschlagmotiv: © golovorez/iStockImages
Satz: VerlagsService Dietmar Schmitz GmbH, Heimstetten
Druck und Binden: CPI books GmbH, Leck
Printed in Germany
ISBN: 978-3-7844-3685-2

www.langenmueller.de

Inhalt

III. DRUCK IM KESSEL: VOM AUFBRUCH ZUR REBELLION

Vorbemerkung

Mit Herrschaften sind die Bürger angesprochen, selbstverständlich auch die Bürgerinnen. Wenn überhaupt von Herrschaft (ein weibliches Wort!) die Rede sein kann in der Demokratie, dann sollte es eine Herrschaft der Bürger sein. Doch tut sich zwischen der bürgerlichen Mehrheit, den Herrschaften und den tatsächlich Herrschenden eine Kluft auf. Hier die Freiheit der Bürger, dort die Anmaßungen eines zunehmend autoritären Staates, der nicht für die Bürger da zu sein scheint, sondern für etwas vermeintlich Größeres. Mit falschen Konzepten behaupten die Herrschenden nichts Geringeres als die Welt zu retten. Dafür opfern sie die materiellen Grundlagen des Landes und stellen auch sein geistiges Fundament infrage. Entschiedener Widerstand gegen den selbstzerstörerischen Wahn jedoch bleibt bisher aus.

Von der bürgerlichen Mehrheit der Bevölkerung zu sprechen, ist nicht mehr selbstverständlich. Bürgerlich waren seit der Aufklärung konservative, soziale und liberale Werte, die Aufstieg durch Bildung und Leistung statt durch Herkunft ermöglichten. Bürgerlich war das Vertrauen in Wachstum und wissenschaftlich-technischen Fortschritt.

Doch das Bürgertum ist gespalten. Ein grün-linkes, überwiegend jüngeres, urbanes Milieu beansprucht für sich Bürgerlichkeit, die auf gegenteilige Werte setzt: Aufstieg durch Haltung statt durch Leistung und Bildung, Fortschrittsfeindlichkeit, Verzicht statt Wachstum.

Es herrscht, sprechen wir es ruhig aus, ein stiller Bürgerkrieg. Es sieht ganz danach aus, als würde er von den neuen Bürgern gewonnen, die auf staatlichen Zwang setzen.

Es sind die Habeckbürger. Oder auch die neuen Spießbürger. Den klassischen wie den neuen Spießer kennzeichnet eine krude Mischung aus geistiger Verbohrtheit und Überheblichkeit. Der Spießer ist Konformist, der einen autoritären Staat wünscht, der Stillstand, Verbote, Verzicht will, der zu wissen glaubt, was gut und böse, richtig und falsch ist, dem die vorgeschriebene Haltung alles ist und die freie Entfaltung der Persönlichkeit nichts, soweit es nicht um ihn selbst geht.

Für Ödön von Horváth ist er schon 1930 in seinem Roman »Der ewige Spießer« ein »hypochondrischer Egoist, der danach trachtet, sich überall feige anzupassen und jede neue Idee zu verfälschen, indem er sie sich aneignet«. So lässt sich ein knappes Jahrhundert später ziemlich exakt auch der neue Spießer definieren. Dumpf und verbissen neigt er dazu, seinen Lebensstil allen anderen aufzuzwingen.

Die Gegenseite, die lammfromme bürgerliche Mehrheit, hat Hans Magnus Enzensberger schon 1957 in seinem berühmten Gedicht »Die Verteidigung der Wölfe gegen die Lämmer« unnachahmlich karikiert: »seht in den Spiegel: feig, / scheuend die mühsal der wahrheit, / dem lernen abgeneigt, das denken / überantwortend den wölfen, / der nasenring euer teuerster schmuck ...«

Treffender könnte der Zustand des deutschen Bürgertums in Zeiten grüner Diskurshoheit nicht beschrieben werden. Das Gedicht endet so: »ihr (...) / werft euch aufs faule bett / des gehorsams, winselnd noch / lügt ihr, zerrissen / wollt ihr werden, ihr / ändert die Welt nicht mehr.« Es sind die Wölfe, die den Lämmern einreden, die Welt ändern zu können. Es geht ganz leicht: Sie müssen sich nur ein wenig opfern lassen.

Dieses Buch will die Schafe ermuntern, ihr politisches Phlegma und ihre Folgsamkeit zu überwinden, und sie dazu anstiften – manche werden sagen: dazu aufhetzen – sich einzumischen, laut zu werden und den grünen Spießbürgern zu widerstehen.

Nicht Klage bestimmt deshalb den Ton, sondern Angriffslust. Die Betonung liegt auf Lust. Der Autor bedient sich auch der vom woken Zeitgeist diskriminierten Kunst der Polemik. Verfassungsschützer aufgemerkt! Es ist die spöttische Kunst der Verächtlichmachung, wie das neuerdings heißt. Da kann und soll nicht alles allen Lesern schmecken, aber zum eigenen Urteil provozieren.

Es geht um unser immer noch lebenswertes Land, um die Mängel, die es drücken, um die Mentalität, die es lähmt, um die Macht, die es im Griff hält.

Intro.
Klimakatastrophenpolitik

Nebel liegt über dem Land. Ein undurchdringlicher, dicker Dunst aus Selbstüberschätzung, Schönfärberei, Inkompetenz, Weltfremdheit, bürokratischer Knebelung und ideologischer Verblendung. In dieser Wolke erkennen die meisten Bürger ihr Land nicht mehr. Und schon gar nicht, wie es weitergehen soll. Sähen sie etwas, würden sie erschrecken, so sehr hat sich verändert, was einmal die »Bonner Republik« gewesen ist.

Für die Nebelmacher der Berliner Republik ist alles Klima. Meinungsklima, Streitklima, das Klima auf der Erde und das in den Köpfen. Die einen fürchten den Klimawandel. Die anderen würden das, was sich da abspielt, lieber nicht Klimawandel nennen, sondern Klimakterium. Ein Land wird alt und unfruchtbar.

Auch das Betriebsklima der deutschen Politik hat sich gewandelt. Nicht zum Guten. Kein Wunder in einer Firma, die ihr Geschäftsmodell ohne Not verspielt. Ihre Geschäftsführer reden von der »großen Transformation«. Es ist der Zentralbegriff aus dem Arsenal des übergriffigen Staates.
Die meisten Bürger wollen nicht transformiert werden. Ihr überschaubarer Wohlstand schrumpft. Da brauchen sie nicht auch noch das Transformationspathos gratis

obendrauf. Sie spüren, dass der Begriff ersonnen wurde, um sie zu gängeln und zu täuschen. Die Transformation zielt nicht auf die Vitalisierung von Politik, Wirtschaft und Gesellschaft, sondern auf ihre Deformation.

Was die »Fortschrittskoalition« produziert, ist Fortschrittsblockade. Sie ist nicht die erste, die das Land herunterwirtschaftet. Doch der Staat, in dem kaum noch etwas reibungslos funktioniert, mischt sich in immer mehr ein und macht damit das Leben immer beschwerlicher.
Es mangelt an so vielem – preiswerter Energie, stabilem Geld, guter Bildung, innerer und äußerer Sicherheit, solider Infrastruktur, Vernunft und Vertrauen. Nur nicht an Versagern. An Entschlossenheit, Bewahrenswertes zu schützen und Bewährtes zu verteidigen, mangelt es auch.

Die Mehrheit soll einer dominanten grün-linken Minderheit möglichst im Gleichschritt folgen. Immer mehr ballen die Fäuste, nur schütteln wollen sie sie nicht. Das geht ja auch schlecht, wenn man sich auch noch »unterhaken« soll, wie es der Kanzler verlangt.

Die Duldsamen sind immer die Dummen. Die meisten Bürger nehmen schicksalsergeben hin, was ihnen zugemutet wird. Manche finden sich mit milden Gaben der Marke Doppelwumms ab. Es könnte ja noch schlechter gehen. Das Volk ist verwöhnt und verängstigt zugleich. Eine böse Mischung.

Der Klimawandel ist nicht zu bestreiten. Doch ist er auch eine Klimakatastrophe, wie man eingeschüchterten Bürgern weismachen will? Sie ist der einzige Grund für die große Transformation. Insofern handelt es sich tatsächlich um eine Katastrophe. Jetzt schmilzt der Wohlstand schneller als das Eis der Arktis.

Für die real existierende Klimakatastrophe sorgt die katastrophale Energiepolitik. Die Grünen frohlocken. Immer drastischere, über das Ziel hinaus und vorbei schießende Maßnahmen strangulieren das Wachstum und zerstören damit die Voraussetzung für eine vernünftige, effiziente Energiewende. Vernünftig wäre, das Land auf die Folgen des Klimawandels einzustellen, nicht aber, es in Panik zu versetzen.

Die Regierenden folgen einer neuen Klimareligion, und es fällt ihnen nichts Besseres ein als die Formel: Energiewende ist Wokeness plus Ökostrom. Das erinnert an den Spruch von Lenin: Kommunismus ist Sowjetmacht plus Elektrifizierung. Abgesehen davon, dass die Deutschen nicht einmal das mit dem Strom hinbekommen.

Deutschland fällt schon länger zurück. Alles auf den Ukrainekrieg zu schieben ist Selbstbetrug. Aussteigen wollen die Ex-Exportweltmeister aus allem zugleich, aus russischem Gas ebenso wie aus heimischem Atomstrom. Die Frage, wo die Unmengen »grüner« Strom herkommen sollen, wenn alles, vom Verkehr bis zur Heizung (Wärmepumpen), nur noch elektrisch betrieben wird, verdrängen die Traumtanzenden. Deshalb verfehlt Deutschland die selbst gesetzten Klimaziele. Frankreichs Bilanz schneidet dank Atomstrom entschieden besser ab. Das Rückgrat der deutschen Wirtschaft, die Automobilindustrie, wird gerade auf dem Altar der Klimareligion geopfert. Horrende Energiepreise vertreiben auch andere Branchen wie die Chemieindustrie. Die Verursacher predigen Rückbau und betreiben Raubbau an den Ressourcen des Wohlstands.

Ginge es mit rechten Dingen zu, müsste die Regierung den Schraubstock der Energiewende lockern. Sie macht – soweit sie sich nicht wie beim Heizungsgesetz von bedrohlichen Umfragewerten zur Korrektur genötigt sieht – das Gegenteil: Das Musterland der Besserwisser stranguliert sich zusätzlich mit monströser Regulierungswut, mit Fachkräftemangel, mit Steuer- und Abgabenrekorden.

Wer sollte den Nebel vertreiben, wenn nicht die Deutschen selbst! Wann wacht die große Masse auf? An diesem Punkt stockt bereits die Feder. Die ehrliche Antwort ist von allen Gründen deprimiert zu sein, der deprimierendste. Wenn das große Wort Transformation fällt, nicken die meisten, manche nicken sogar ein. Sie fügen sich und schweigen. Das ist der Kern der Klimakatastrophe: das Schweigen der Lämmer.

I.
Von nun an gings bergab: Eine kurze Geschichte der Berliner Republik

Wenn man die Stimmung unsrer Oberschicht belauscht, wenn man in unsre Zeitungen hineinkuckt, die den Leuten nach dem Munde reden, so sollte man glauben, Berlin spaziere an der Tête der Zivilisation. Es ist aber sehr weit ab davon.

Theodor Fontane

Das Ende der Bonner Republik – und ihr Erbe

Wann fängt das Verhängnis an? In einem historischen Glücksmoment der Gründung der Berliner Republik.

Als 40 Jahre zuvor die Bonner Republik errichtet wurde, war im zerstörten Deutschland die Stimmung bereits besser als die Lage. Es war Optimismus, der die Leute in die Hände spucken ließ. Die bis heute erfolgreichste deutsche Demokratie, die Bonner Republik, war eine Aufstiegsgesellschaft. »Meinen Kindern soll es einmal besser gehen« war mehr als Hoffnung, es war ein realistisches Ziel. Es lief nicht alles glatt, aber das Licht am Ende des Tunnels kam zügig näher. Heute kommt Zuversicht nur noch in politischen Sonntagsreden vor, und die Stimmung ist mindestens so bescheiden wie die Lage.

Die Bürger der Bonner Republik waren Verfassungspatrioten, identifizierten sich mit Recht und Freiheit und D-Mark. Ihr Land war kein Nationalstaat, doch kaum jemand empfand das als Nachteil. Mit Hilfe der Westmächte war tatsächlich ein besseres Deutschland entstanden. In der DDR sollte man glauben, Moskaus Vasallenstaat sei das bessere Deutschland.
Die Bonner Republik war nicht vollständig souverän. Umso souveräner agierte sie. Heute ist es umgekehrt: Vollständig souverän, agiert die Berliner Republik ziem-

lich unsouverän. Die Berliner Republik ist ein Nationalstaat, aber die deutsche Regierung gibt nicht viel darauf.
Die Grenzen sind weit offen, nicht nur für Verfolgte.

Bescheidenheit machte die Bonner Republik sympa-
thisch, auch bei den alten Feinden. Sie wurde unterschätzt, auch von den neuen Freunden. Das verlieh ihr
Flügel auf dem Weg vom Wirtschaftswunder zum Exportweltmeister. Niemand hatte mehr vor diesen Deutschen Angst. Das hat vor der Berliner Republik auch niemand, obwohl sie immer wieder ausschert, sich dabei aber
immer wieder selbst schadet (siehe Atomausstieg). Über
die Berliner Republik wird deshalb zunehmend gespottet.
Die Bonner Republik wurde noch überwiegend bewun-
dert.

**Die Streitkultur war in der Bonner Republik aus an-
derem Holz.** Sternstunden im Parlament, legendäre hitzige Redeschlachten, mitreißende Redner, Wehner und
Schmidt (SPD), Barzel und Strauß (Union). Rhetorische
Nieten hatten in der Politik keine Chance. Heute haben
sie es offenkundig leicht. Die Kunst der Polemik stand zu
Recht in hohem Ansehen. Es wurde um die Sache gestritten statt moralisiert und stigmatisiert. Deutlichkeit war
angesagt, nicht maulfaule Geschmeidigkeit. Bundestags-
debatten fanden breite Beachtung, »Polit-Talks« gab es
noch nicht. Es wurde scharf gewürzt und nicht den Le-
berwürsten überlassen zu entscheiden, ob sie beleidigt
worden sind.

**Die Bonner Republik befand sich in einem steten
Reform-Modus.** Es gab Reformstaus, aber nie Reform-
verweigerung. Reformen binden alle ein, denn der Reform liegt der Gedanke zugrunde, das Bewährte zu-

kunftstauglich zu machen. Aus dem Dissens fanden die Deutschen zum Konsens.

Die Berliner Republik zerstört Bewährtes und zieht der schrittweisen Reform die große Transformation vor. Disruption verlangen lautstarke Minderheiten der Mehrheit der Bevölkerung ab. Pervers daran ist, dass das Revolutionäre der Berliner Republik Konsens beansprucht, während das Reformatorische der Bonner Republik sich aus demokratischem Streit entwickelte. In der Berliner Republik wird die Umwälzung moralisch begründet. Man kann es auch so sagen: In der Bonner Republik wurde argumentiert, in der Berliner Republik wird diffamiert und gehasst. Wenn in der Bonner Republik abgewogen wurde, wird in der Berliner Republik abgeurteilt.

Bonner Republik: die Leistung einer Erfahrungsgeneration. Sie hatte in Krieg und Diktatur ihren Preis bezahlt. Das motivierte sie. Ehrgeiz ja, aber nicht zum Preis bedingungsloser Anpassung. Politiker standen noch in hohem Ansehen. Parteienverdrossenheit kam erst in der späten Bonner Republik auf. In der Berliner Republik wächst sie sich aus zu Parteienverachtung.

Im Triumph nistete Hybris. Von der Wiedervereinigung außer Rand und Band, begannen die Deutschen, sich zu überschätzen. Naiv, aber ehrlich zum Ausdruck brachte diesen Geisteszustand der Kaiser. »Über Jahre hinaus wird Deutschland unschlagbar sein«, verkündete Franz Beckenbauer.

Kaum jemand sah im Hochgefühl des vermeintlichen Siegs im Kalten Krieg – ein Resultat überlegener Wirtschaftskraft – die Notwendigkeit, zuerst den Reformstau im Westen abzuarbeiten, um sich für den Kraftakt der

Vereinigung zu rüsten, die Sozialsysteme zu sanieren, die Staatsfinanzen zu stabilisieren und überhaupt das westdeutsche System auf Tauglichkeit zu prüfen, ehe man es der DDR überstülpte. All das geschah nicht.

Dafür malte man sich die DDR-Ruine schön und verteilte in Gedanken bereits den Milliardengewinn aus der Privatisierung der angeblich zehntgrößten Volkswirtschaft der Welt. Er stellte sich als Milliardenverlust heraus.

Mit dem nachwachsenden Rohstoff Geld lasse sich alles regeln: Dieser Irrtum verbindet Bonner und Berliner Republik. Deshalb stand nicht die staatliche Einheit am Anfang, sondern die D-Mark. Die Währungsunion zu einem ökonomisch fragwürdigen Umtauschkurs war ein vergiftetes Geschenk. Es kam überdies zu früh, doch rechtzeitig vor der ersten freien Volkskammerwahl – dem größten Stimmenkauf in der deutschen Geschichte. Kollateralschäden: die Vernichtung und Verramschung der DDR-Wirtschaft. Sozialpolitik sollte es richten, Geld überwiegend aus westdeutschen Sozialkassen. Die Methode funktioniert, solange der Wachstumsmotor brummt – oder auf Pump.

Die Deutschen wurden vereint in Selbstbetrug. Sie setzten auf ein zweites Wirtschaftswunder. Unterschied: Das Wirtschaftswunder der Bonner Republik setzte den Fleiß vor den Preis. Das Wirtschaftswunder der Berliner Republik wurde vorwiegend durch Umverteilung von West nach Ost geschaffen. Die Segnungen des Sozialstaats sollten zunächst im Westen, vierzig Jahre später im Osten die Bürger von der Überlegenheit der Demokratie überzeugen. Das hat nicht ganz so gut funktioniert. Bis heute erfahren Demokratie und Marktwirtschaft in den östlichen Bundesländern signifikant weniger Zustimmung als im Westen.

Die Bonner Republik ist so unwiederbringlich verloschen wie die DDR. Die Ostdeutschen bekamen nicht das Erfolgsmodell, das sie sich erträumt hatten und das ihnen versprochen worden war. In dem magischen Moment, indem sie das Trugbild berührten, verblasste es. Nur die Hülle blieb: Bundesrepublik Deutschland.

Einheit bedarf in Deutschland zugleich der Einheitlichkeit. Ein Missverständnis. Ursprünglich stand die »Einheitlichkeit der Lebensverhältnisse« sogar im Grundgesetz. Diese kollektivistische Vorstellung herrschte auch im Westen. Da sie sich als illusorisch erwies, wurde die Formulierung nach dem DDR-Beitritt in »Gleichwertigkeit der Lebensverhältnisse« geändert. Nicht enden wollen die Klagen, dass in Mecklenburg-Vorpommern weniger verdient werde als in Oberbayern – obwohl dort das Leben ungleich teurer ist.

Doch die Deutschen überfordern sich gern selbst. Als die DDR beitrat, glaubten sie, es ließe sich nicht nur die ökonomische, soziale und politische, sondern auch noch die »innere Einheit« zügig vollenden. Unbewusst spukte immer noch die Illusion von der homogenen Volksgemeinschaft in den Köpfen.

Das musste zu Enttäuschungen führen. In der irrigen Annahme, dass alle Deutschen ein gemeinsames Mindset besäßen, wurden die mentalen Unterschiede unterschätzt. Die Gesellschaftssysteme in den Köpfen erwiesen sich als hartnäckiger als die Existenz der beiden Staaten.

Mit dem Mauerfall kam nicht gleich Demokratie, sondern zunächst Tempokratie über die DDR. »Es darf nicht der Versuch gemacht werden, dass alles zusammenwuchert. Wir brauchen Zeit«, mahnte Bundespräsident Richard von Weizsäcker. Aber das wollte Kanzler Helmut Kohl nicht hören.

Man nannte es Beitritt nach Artikel 23 GG. Durch Übernahme des Grundgesetzes musste keine neue Verfassung für das vereinte Land ausgehandelt werden. Sie wäre nach Art. 146 GG »von dem deutschen Volk in freier Entscheidung« beschlossen worden. Sechzig Millionen Westdeutsche hätten darüber abgestimmt, ob sie mit achtzehn Millionen Ostdeutschen vereinigt werden wollten oder nicht. Kanzler Kohl misstraute seinen Pappenheimern. Er befürchtete auch, in einer neuen Verfassung könnten »linke« Vorstellungen aus dem Osten stehen – etwa das Recht auf Arbeit und Wohnung.

Gibt es etwas Gravierenderes als die Zusammenlegung zweier Staaten? Dennoch wurde die Angelegenheit nicht mit der ganzen Bevölkerung diskutiert. Parteien handelten, als wären sie gleichgeschaltet. Nachdem die Medien Kanzler Kohl jahrelang als »Birne« verspottet hatten, ernannten sie ihn unisono zum »Kanzler der Einheit«. Die Deutschen glaubten, den Atem der Geschichte im Nacken zu spüren und fühlten sich im neuen Nationalrausch. Emotionen übertönten Argumente. Von Beginn an herrschte in der Berliner Republik ein neuer Geist: demokratischer Konformismus.

Er machte Schule. Ob es um den Ausstieg aus der Kernenergie, um zweifelhafte Corona-Maßnahmen oder um die verkorkste Migrationspolitik ging: Der Mainstream schwemmte mithilfe linientreuer Medien alle Einwände hinweg. Erst waren Einheitsskeptiker unerwünscht, dann

Euroskeptiker, Klimaskeptiker und Impfskeptiker. Große Dinge werden oben beschlossen und unten begrüßt.

Die Berlin-Debatte blieb eine Ausnahme. Sie ersetzte den Streit über das, was nicht infrage gestellt werden durfte. »Wenn Sie für Bonn sind, wollen Sie die Einheit nicht!«, ereiferte sich der Berliner SPD-Politiker und Bundestagspräsident Wolfgang Thierse. Berlin setzte sich durch, weil der Beitritt der DDR nicht wie ein Anschluss aussehen sollte. Deshalb verzichtete der Westen auf den bewährten Regierungssitz Bonn, und die Ex-DDR behielt ihre Hauptstadt.

Es hieß nun, ein großes Deutschland benötige auch eine große Hauptstadt, stolzer, auftrumpfender, der gewachsenen Rolle Deutschlands angemessen. Bonn wurde als provinzielles Bundeskaff verspottet, als lausiges Provisorium.

Damit wurde das Wesen des neuen Staates infrage gestellt. Stil und Anspruch der Berliner Republik veränderten sich. Die Berliner Mischung aus Größenwahn und Unvermögen galt von nun an für die »Hauptstadt«. Kulturell mag Berlin Deutschland repräsentieren. Zunehmend bezeichnend fürs Ganze ist das systematische Verlottern der dysfunktionalen Stadt.

In Berlin verwechselt man von jeher Größe mit Bedeutung und Bedeutung mit Qualität. Hauptstadt Berlin. Der offizielle Titel Bundeshauptstadt wird selten benutzt. Nicht aus Faulheit oder Gleichgültigkeit, sondern aus dem Gefühl, Berlin sei allen anderen Städten vorgesetzt. London ist Great Britain, Paris ist La Nation. Wer behaupten würde, Berlin sei repräsentativ für Deutschland, müsste sich für dieses Land schämen. Eine Verwaltung, die den Bürgern nicht dient, sondern ihn zum Bittsteller macht, desolate Schulen, Bandenkriminalität, die Unfähigkeit zum Bau eines Flughafens, Subventions- und Umsonst-Mentalität. Nicht einmal Wahlen haben sie in Berlin hinbekommen.

Selbst Klaus Wowereit, als Regierender Bürgermeister, Erfinder des schicken Claims »arm aber sexy«, kam zum Urteil: »Es gibt in Berlin so etwas wie organisierte Verantwortungslosigkeit.« Andere Hauptstädte bereichern ihre Länder. Berlin saugt es aus. Wer zahlt, schafft an, gilt überall, bloß nicht in Berlin, das allein 2022 im Rahmen des Länderfinanzausgleichs 3,6 Milliarden erhielt, ohne sich für die Verwendung der Gelder rechtfertigen zu müssen.

Doch es gibt Hoffnung. Der Erdrutsch-Sieg der CDU bei der gerichtlich erzwungenen Wiederholung der Landeswahlen im Februar 2023 konnte von der Regierenden Bürgermeisterin nicht ignoriert werden. Die Entscheidung der SPD für Schwarz-Rot ist weniger eine Entscheidung für die Union als gegen die Grünen. Sie sitzen fest in ihrem 20-Prozent-Kiez dekadenter Wohlstandserben und intellektueller Lumpenproletarier, bestimmen aber 80 Prozent der politischen Agenda. Das Wahlergebnis hätte auch die Fortsetzung der rot-grün-roten Koalition ermöglicht. Schärfer als zuvor zeigt sich in Berlin ein Generationenkonflikt. Die Jüngeren folgen eher der Klimareligion, die Älteren fürchten, dass die grünen Taliban die Stadt unbewohnbar machen. In Berlin hat ihnen die Regierungschefin in höchster Not den Stecker gezogen.

Die Berliner Republik begann mit der Illusion, das Ende des Kalten Kriegs bedeute ewigen Frieden und Wohlstand. Die deutsche Einheit galt als Pfeiler zum Bau eines neuen, weit nach Osten ausgreifenden Europa. Dass es ein Turmbau zu Brüssel wurde, kam in Deutschland niemand in den Sinn.

Auch der Euro ist ein Resultat der Vereinigung, ein Preis, der dafür bezahlt wurde, dass Frankreich und England ihre Bedenken gegen ein größeres Deutschland bezwangen. Deshalb wurde die Deutsche Mark geopfert. Wie schon bei der deutsch-deutschen Währungsunion kamen ein Überschuss politischen Wollens und ein Mangel ökonomischer Vernunft zusammen. Erneut wurde darauf verzichtet, zuerst die ökonomischen Voraussetzungen für die Gemeinschaftswährung zu schaffen, in Griechenland und anderen Beitrittsländern. Mit gefälschten Daten und falschen Versprechungen betrogen die Politiker sich selbst und die Bürger. Es kam unweigerlich zur Schuldenkrise der EU – vor allem zum Nachteil von Deutschlands Sparern.

Die Berliner Republik ist »das beste Deutschland, das es jemals gegeben hat« (Bundespräsident Steinmeier, 2020) – jedenfalls im Selbstverständnis des Juste Milieu. Es übersieht und unterschätzt den größten Sprengsatz: den demografischen Wandel. Immer weniger Jüngere kommen für immer mehr Alte auf. Die Regierung rühmt das Plus in der Rentenkasse und übergeht dabei, dass die Steuerzahler jährlich 100 Milliarden zuschießen müssen. Das System wird kollabieren. Ein Großteil der Bürger, die ein Leben lang gearbeitet und Steuern gezahlt haben, fürchtet Altersarmut. Die Sorge kann ihnen niemand nehmen.

Wer beklagt, wie dieses Land heruntergewirtschaftet wird, bekommt zu hören, er wolle nur die Zeit zurückdrehen und trauere der Vergangenheit nach. Die Kritik an der real existierenden Krise hat aber nichts mit Nostalgie zu tun. Wahr ist nur: Die Berliner Republik hat von der Bonner Republik nicht gelernt und will auch nicht lernen, am wenigsten von ihren Fehlern.

Das gestörte Verhältnis der Deutschen zur eigenen Geschichte zu reparieren, versprach die Gründung der Berliner Republik. Nun endlich mit sich im Reinen, versuchen die Deutschen sich nicht mehr vor sich selbst zu retten. Jetzt retten sie die ganze Welt.

Das neue Zauberwort hieß Globalisierung. Das Ende der Ost-West-Konfrontation und der vermeintliche Sieg des Kapitalismus fielen zusammen mit der technologischen Revolution des Internets. Investoren und Spekulanten schaufelten nun das Kapital rund um die Uhr rund um die Welt. Das verhieß Wachstum ohne Ende. Es verhalf Millionen Menschen in den Schwellenländern zu einem besseren Leben.

Zugleich wurden die Unterschiede obszön. Profiteure machten in den Jahrzehnten der hemmungslos entgrenzten Globalisierung ihren Schnitt. Auch das gehört zur Geschichte des Epochenbruchs nach 1989. Der Staatenwelt fehlten die Mittel und der politische Wille, dem Kapital Grenzen zu setzen. Kaum jemand nahm die neuen ökonomischen und geostrategischen Gefahren ernst.

Der freie Markt schafft Freiheit: Diese Annahme erwies sich als falsch. Demokratie wurde keineswegs zum weltweiten Erfolgsmodell. Wo immer der Westen es mit Gewalt durchzusetzen versuchte, im Irak, in Afghanistan, in Libyen, scheiterte er. Der Arabische Frühling mündete im Erstarken des politischen Islam. Diktatoren bestimmen heute das Spiel, Autokraten, imperialistische Machthaber, Putin und Xi.

Sogar der Pazifismus der Deutschen schwankt. Sein Fundament war niemals Friedensliebe, sondern einfach Schiss. Nicht behelligt werden wollen die Deutschen. Das macht sie immer wieder überall beliebt. Gegen die Weltunordnung, die sie heute erleben, fühlte sich der Kalte Krieg, der die Bonner Republik prägte, geradezu heimelig an.

Die zweite Wende kam keine dreißig Jahre nach der ersten. Der Sozialismus ist nicht besiegt, er drängt mit Macht zurück. Unter einer neuen Parole: Rettet das Klima! Aus Rot wird Grün, aus Grün wird Rot. Die Klimaideologie ist der Treibriemen einer machtvollen Transformation.

Gleichzeitig bedroht eine Kulturrevolution den Westen. Die beiden Geschlechter gelten nur noch als soziale Konstrukte, Geschichte als koloniale Last, die entsorgt werden muss wie die Sprache der alten, weißen Männer. Liberal-konservative Werte werden als »rechts« stigmatisiert. Es sieht ganz danach aus, als kapituliere die Berliner Republik in diesem Kampf.

Kohl, Schröder, Merkel, Scholz – eine vorläufige Schadensbilanz

Die Geschichte der Kanzler der Berliner Republik beschreibt den Niedergang. Helmut Schmidt versteht sich noch als »leitender Angestellter« der Bundesrepublik. Krisenhafte Zustände (Ölkrise, Terrorismus) managt er so gut es geht. Heute versagen Kanzler als Krisenmanager und geben sich stattdessen als leitende Erziehungsberechtigte aus. Je weniger der Staat den Krisen gewachsen ist, desto mehr spielt er sich als moralische Instanz auf.

Kohls langes Ende: Nach dem Beitritt der DDR regiert er weitere acht Jahre; es sind die ersten acht der Berliner Republik, auch wenn er noch immer in Bonn sitzt. Erst nach insgesamt sechzehn Jahren sind die Deutschen seiner überdrüssig. Er ahnt 1998, dass er abgewählt werden wird, tritt aber unbedingt noch einmal an, weil er sich von der Macht nicht trennen kann und für unersetzlich hält, zum Schaden seiner Partei, die sich dagegen nicht wehrt.

Gerhard Schröder ist der Erste, der in Berlin residiert, im Gebäude des DDR-Staatsrats, aber noch ganz Kind der Bonner Republik. Einst rüttelte er am Zaun des Kanzleramts. »Ich will hier rein.«

Die rebellische Generation der Achtundsechziger kommt mit ihm an die Macht, reichlich verspätet. Sie passt nicht mehr in die Zeit. Der Sozialdemokrat Gerhard Schröder und Joschka Fischer, der grüne Vizekanzler, machen aus ihrem Spaß am Regieren kein Hehl und sind während der ersten vier Jahre überwiegend mit sich selbst beschäftigt. Und mit ihren internen Rivalen. Schröder mit Parteichef und Finanzminister Lafontaine. Der verlässt die Regierung im Zorn und gründet eine neue Linkspartei. Fischer mit den Fundamentalisten seiner Partei. Gleich zu Beginn zwingt Fischer sie unter Qualen, dem Militäreinsatz auf dem Balkan zuzustimmen. Auch dieses Muster wiederholt sich. Kaum regieren die Grünen 2021 erneut mit, überfällt Russlands Diktator Putin die Ukraine. Aus grünen Pazifisten werden blitzartig Panzerexperten.

Schröder behauptet sich 2002 knapp gegen Edmund Stoiber von der CSU, dank eines Hochwassers an der Elbe und einer weiteren Naturkatastrophe namens George W. Bush, der glaubt, einen Krieg gegen die »Achse des Bösen« führen und gewinnen zu können. Mit dem Anschlag vom 11. September 2001 auf die Zwillingstürme in New York sind alle Illusionen von einer multikulturellen, friedlichen Weltgesellschaft zerstoben.

Schröder beweist als Kanzler Statur und stürzt Deutschland nicht in unsinnige Abenteuer. Er erkennt auch den dringenden Reformbedarf der von Kohls Wohlfühlpolitik zerrütteten Sozialsysteme und setzt die Agenda 2010 mit der Hartz-IV-Reform durch. Einem Sozialdemokraten hätte das niemand zugetraut. Schröder zahlt dafür die Zeche und nimmt seinen Sturz bei vorgezogenen Wahlen 2005 in Kauf. Sozialreformen bringen die Wirtschaft in Schwung, wovon seine Nachfolgerin zehrt.

Im Spiel um die Macht lernt Angela Merkel viel von ihren beiden Vorgängern. Als Oppositionsführerin lässt sie 2002 Stoiber vergeblich um die Kanzlerschaft kämpfen. Der Weg ist für sie danach frei. Gegen den angeschlagenen Schröder gewinnt sie 2005 dennoch nur mit hauchdünnem Vorsprung. Nicht zuletzt ihm hat sie die Kanzlerschaft zu verdanken. Schröder liefert einen schrillen Auftritt in der Elefantenrunde der Wahlnacht: »Also ich meine, wir müssen die Kirche doch mal im Dorf lassen. Die Deutschen haben in der Kandidatenfrage eindeutig votiert. Das kann man doch nicht ernsthaft bestreiten.« Damit bleibt den Unionsparteien nichts anderes übrig, als sich um Merkel zu scharen.

Die ist für das Amt zu allem bereit und wird die erste schwarze Regierungschefin einer roten Regierung. Die oppositionellen Grünen erscheinen während Merkels Kanzlerschaft stets als stille Teilhaber der Macht.

Regieren auf Sicht, Führen durch Besänftigen: Ihre Politik scheint den Bürgern zunächst nichts abzufordern. Das gefällt den Deutschen. 2007 aber gerät die Finanzwelt mit der Immobilien- und Bankenkrise ins Schlingern. Merkel garantiert die Spareinlagen – ein Versprechen, das sie nicht hätte halten können. Sie rettet Banken. Auch das kommt gut an.

Dennoch verliert die schwarz-rote Koalition bei der Wahl 2009 insgesamt 12,6 Prozentpunkte. Allein dem Rekordergebnis der FDP (14,6 Prozent) unter Guido Westerwelle verdankt Merkel, Kanzlerin zu bleiben. Ihre Dankbarkeit hält sich jedoch in Grenzen. Viel mehr als eine Mehrwertsteuersenkung für Hoteliers bleibt der FDP nicht am Katzentisch der Macht – sie fliegt dafür vier Jahre später aus dem Bundestag.

Die Eurokrise folgt auf dem Fuß. Merkels Slogan: »Scheitert der Euro, scheitert Europa«. Eine unbeweisbare Behauptung, die nur dazu dient, die notwendige Debatte abzuwürgen. Den Preis für den Erhalt der Eurozone zahlen die deutschen Steuerzahler. Rettungsschirme, Stabilitätsfond, Niedrigzinspolitik der Europäischen Zentralbank: Es läuft auf massive Wohlstandsverluste hinaus. Die EU gerät auf die schiefe Bahn zur Schuldenunion.

Ist Angela Merkel die Rache der DDR oder verkörpert sie die Wiedervereinigung? Beides. Die in Hamburg zur Welt gekommene Tochter eines sozialistischen Pfarrers musste als Kleinkind mit ihren Eltern in die DDR ziehen. Kollektivistisch erzogen, doch extrem geschmeidig, reift sie zur Radikal-Individualistin, verbindet und nutzt für sich das Beste beider Welten. Selbstsucht, gekleidet ins Gewand der Pflicht. Cashmere, selbst gestrickt.

Anfangs noch verkannt, wirkt sie auf schüchterne, mädchenhafte Weise frech. Die grobmotorische Rhetorik aus fehlerhaften Schachtelsätzen halten ihre Bewunderer für geistreich.

Kaum jemand erkennt, dass sie sich einer Partei anschließt, ohne sich mit ihr jemals zu identifizieren. Sie sieht in Kohls Revier bestenfalls ein Operationsgebiet. Auch als Rote oder Grüne könnte sie reüssieren. Doch ist sie nun mal in undurchsichtigen Zeiten auf Empfehlung ihres Vaters Vizesprecherin der Regierung Lothar de Maizière geworden – einem Mann mit Stasikontakten. Der ist Kohls Marionette während der letzten Tage der DDR gewesen, was Merkel auf Anhieb ein Mandat im Bundestag und ein Ministeramt im Kabinett beschert, zunächst nur für Gedöns, dann für Umwelt, Naturschutz und Reaktorsicherheit. Noch immer bleibt sie unauffällig. Auch Kohls Nachfolger als Parteichef, Wolfgang Schäuble, unterschätzt ihren Willen zur Macht. Er macht sie zur Generalsekretärin, weil es unbedingt eine Frau aus dem Osten sein soll.

Ihrem großen Mentor Kohl schießt sie 1999 mit einem Artikel in der *Frankfurter Allgemeinen Zeitung* ins Knie, als der im Parteispendenskandal bereits wankt: »Die Partei muss also laufen lernen, muss sich zutrauen in Zukunft ohne ihr altes Schlachtross, wie Helmut Kohl sich oft selbst gerne genannt hat, den Kampf mit dem politischen Gegner aufzunehmen. Sie muss sich wie jemand in der Pubertät von zu Hause lösen.« Worte, die man der CDU nach sechzehn Jahren Kanzlerschaft Merkels erneut ins Stammbuch schreiben könnte.

Als Parteichefin beansprucht sie das Amt der Oppositionsführerin. Der Wahlverein alter Männer zeigt Schwäche, die Ostdeutsche nutzt es aus. Die dankbare Bewunderung vieler Frauen dafür ist ihr bis heute gewiss.

Der Mangel an historischer Bildung ist allgemein zu beklagen, bei einem Kanzler jedoch ungewöhnlich. Merkel macht lieber Geschichte. Vom Wesen der Bonner Republik begreift sie nichts, hat daran wohl auch kein Interesse. Was sie über Adenauer, Erhard oder auch die Achtundsechziger gelegentlich von sich gibt, ist meist daneben.

Der panische Atomausstieg folgt dem japanischen Tsunami, der am 11. März 2011 in Fukushima das Kernkraftwerk zerstört. Dem Erdbeben fallen 22 000 Menschen zum Opfer, an freigesetzter Radioaktivität stirbt später soweit bekannt ein einziger Mensch. Kein deutsches Kernkraftwerk ist von Seebeben bedroht. Merkel jedoch schürt kurz vor den Landtagswahlen in Baden-Württemberg bewusst Ängste vor der von den Grünen schon lange verteufelten Energiequelle. »Das wars!« Niemand widerspricht. Sie erhöht – oder doch eher: erniedrigt – die Entscheidung zur moralischen Frage, setzt eine »Ethikkommission für eine sichere Energieversorgung« ein, in der nicht Wissenschaftler, sondern Bischöfe das Sagen haben. Der Sonderweg wird mit verbissenem Weltrettungspathos gerechtfertigt.

Moralische Entscheidungen sind nicht verhandelbar, wie falsch sie auch sein mögen. Das ist der Trick. Nach diesem Schema agiert Merkel 2015 auch in der Migrationskrise. Sie stürmt blind aus der Verantwortungsethik in die Gesinnungsethik (wie sie Max Weber unterscheidet). Die Grenzen bleiben allen Warnungen zum Trotz offen, 800 000 Flüchtlinge strömen weitgehend unkontrolliert und illegal (Asylbewerber dürften nicht aus einem sicheren Land wie Österreich einreisen) nach Deutschland. Merkel signalisiert in alle Welt, dass Deutschland ein gelobtes Land sei. Städte und Gemeinden sind überfordert, die Aufnahmebereitschaft hat Grenzen. Die »Willkommenskultur« beschönigt nur die Defizite der Integration. Sprachlich korrekt sind Flüchtlinge jetzt Schutzsuchende. Sie wandern in den Sozialstaat ein. »Jetzt sind sie halt da. Wir schaffen das.«

Deutschland empört sich über die sexuellen Übergriffe junger Migranten an Frauen in der Silvesternacht 2015. Die Kriminalstatistik lässt keine Zweifel zu: Sie verzeichnet 2020 zwanzigtausend Messerangriffe mit einhundert Todesopfern, die Täter haben in rund vierzig Prozent der Fälle einen Migrationshintergrund. Die Flüchtlingskrise mit all ihren dramatischen Nebenwirkungen wiederholt sich seit 2022.

Was in sechzehn Jahren Merkel alles liegen bleibt,
zählt mindestens so schwer wie das, was sie tatkräftig ver-
semmelt. Von der Infrastruktur bis zu den Sozialsystemen
reicht die Mängelliste. Dazu kommt spektakulär schlechtes Personal. Gefolgschaft geht vor Kompetenz. Anders
sind Karrieren wie die des Kanzleramts-, Umwelt- und
Wirtschaftsministers Peter Altmaier oder der Verteidi-
gungsministerin und späteren EU-Kommissionspräsiden-
tin Ursula von der Leyen kaum zu erklären.

Die Merkel gewogenen Massenmedien sehen in ihr einen
Leuchtturm der Vernunft, weil die Physikerin doch angeblich alles »wissenschaftlich« zu durchdringen versteht. Sie missbraucht jedoch die Wissenschaft, weil sie
von Versuch und Irrtum als grundlegendem Prinzip von
Wissenschaft so wenig hält wie vom offenen Disput in
der Politik.

Das trifft für die Energie- und für die Einwanderungspoli-
tik zu, mehr noch für die Corona-Politik. In der Pandemie ist es nicht mehr zu übersehen, dass die Kanzlerin das
Land ihren eigenen Ängsten unterwirft. Anders als
Flüchtlingsströme hält sie Viren für ausgrenzbar und sogar für »besiegbar«. Freiheitsentzug gilt nun als neue
Staatsräson. Der Virologe Christian Drosten ist ihr Pro-
phet. Andere Meinungen lässt sie nicht zu.

Ähnlich agiert sie in Sachen Klimawandel. Ihr Papst ist
nun der Potsdamer Klimafolgenforscher und Weltunter-
gangsapostel Hans Joachim Schellnhuber, bis 2016 Vorsitzender des Wissenschaftlichen Beirats der Bundesregierung. Es geht Merkel nicht darum, der Wissenschaft zu
folgen, sondern darum, politische Ziele mit »wissen-
schaftlicher« Hilfe anzusteuern. Damit trägt die »Wis-
senschaftlerin« Merkel entscheidend zum Vertrauensverlust der Wissenschaft bei.

Merkels »Regierungskunst« besteht auch darin, Fehlentscheidungen als alternativlos zu bezeichnen. Erstaunlicherweise gelingt es ihr damit, sie der Debatte zu entziehen. Ihre »asymmetrische Demobilisierung« findet Eingang ins Handbuch der politischen Taktik. Indem sie Programmpunkte anderer Parteien übernimmt, lässt Merkel der Konkurrenz die Luft aus den Reifen und nimmt der Demokratie die Luft zum Atmen. Denn die Unterschiede verblassen. Diese Methodik der Entpolitisierung erleichtert das Regieren, denn es erspart die Mühe des Überzeugens. Während das Land auf die schiefe Bahn gerät, dämmert die politische Klasse im Schlafwagen vor sich hin, in dem Zugführerin Merkel die Lüftung abdreht.

Demokratie ist Diskurs – also auch Dissens: Dieser schlichten Erkenntnis entzieht sich die erste Bundeskanzlerin. Die meisten Bürger sehen in ihr eine gute Hirtin. Vor allem Ostdeutsche aber besitzen ein feineres Gespür dafür, dass verlassen ist, wer sich auf Merkel verlässt.

Sollte die AfD tatsächlich die größte Bedrohung der deutschen Demokratie sein, worauf sich alle anderen Parteien geeinigt haben, wäre der Linksruck der Unionsparteien unter Merkels Führung unverzeihlich. Er machte die AfD erst möglich, um nicht zu sagen: notwendig.

Als integre Patriarchin wird Angela Merkel zu Amtszeiten verehrt. Die Attitüde eines Kartoffelsuppe kochenden Hausmütterchens paart sich mit dem internationalen Ansehen als »Führerin« des freien Westens.

Diesen Ruhm verdankt Merkel hautsächlich dem schadhaften Image des etatmäßigen Führers des Westens, des amerikanischen Präsidenten Trump. Charakterlich und politisch ist sie die leibhaftige Antithese des großkotzigen

Milliardärs. Merkel aber taugt nicht als lebende Freiheits-statue.

Auf die Idee, sie für eine bedeutende Kanzlerin zu halten, kommen heute nicht mehr viele. Ende 2022 wünschten sich 71 Prozent der Deutschen Merkel *nicht* zurück (Civey-Umfrage). Doch in der Partei, der sie am nachhaltigsten geschadet hat, traut es sich noch immer kaum jemand offen auszusprechen. Einerseits drückt die Scham, sich ihr so lange ausgeliefert zu haben. Andererseits steuern noch immer CDU-Granden wie der schleswig-holsteinische Ministerpräsident Daniel Günther Merkels Kurs.

Vieles erscheint an Angela Merkel unerklärlich. Sicher ist sie von Anfang an überfordert. »Auf / Zwei Herr-schaftsweisen ist der Staat gegründet, / Auf Staatsvernunft, die das Vorhandne regelt, / Und Staatskunst, die ins Mögliche sich dehnt; / Doch was dem Staat den Grund entzieht ist Staats- / Schlaubergerei.« So hat der große, leider fast vergessene DDR-Dramatiker Peter Hacks in seinem Stück *Jona* ganz ideologiefrei das Wesen der DDR in Verse gebannt. Seine Worte treffen auch den Zustand der Berliner Republik. Die Schlaubergerin wurde für besonders schlau gehalten.

Nicht eigener Strahlkraft verdankt Olaf Scholz die Kanzlerschaft, sondern den Fehlern der Unionsparteien. Armin Laschet ist der falsche Kanzlerkandidat, zudem geschwächt vom Machtkampf mit CSU-Chef Markus Söder. Manchmal scheint Scholz sich selbst darüber zu amüsieren, Kanzler geworden zu sein. Es wäre ein Fehler, den Mann mit der milden Mine und dem verhaltenen Dauergrinsen für selbstironisch, zurückhaltend, bedachtsam oder gar arglos zu halten.

Man sieht ihm nicht an, wie er tickt. So wenig wie sein seltsam schleichender Schlurfgang verrät, dass er als Jogger ganz anders auf den Beinen ist. Er bewegt sie auf offener Bühne wie seine Lippen nur soweit unbedingt nötig. Ihm Wohlgesonnene halten die verbale Leisetreterei für hanseatisches Naturell. Das ist Unsinn. Seine Wortkargheit drückt weniger die Unfähigkeit zu sprachlicher Prägnanz aus als den Unwillen zu Transparenz. Er will nicht erkannt werden. Als Floskeln auswerfender Scholzomat verspottet zu werden, macht ihm nichts aus. Es ist Teil des Trugbilds.

Die demonstrative Gelassenheit passt nicht zur Radikalität, mit der dieser Kanzler das Land in die große Deformation treibt. Die Bedachtsamkeit steht im schrillen Gegensatz zur im »Deutschlandtempo« vorgetragenen Verwahrlosung des Landes. Wenn Scholz zu großen Tönen neigt, dann sind sie gleich so maßlos wie das Versprechen, seine Regierung werde den »menschengemachten« Klimawandel mit Wärmepumpen »aufhalten«. Da sind Selbstüberschätzung, Hochmut und Größenwahn im Spiel. Und da ist Rücksichtslosigkeit nicht weit. Dieser Kanzler verachtet die »normalen« Leute. Anders ist sein unhaltbares, ungedecktes Versprechen nicht zu verstehen: »Niemand muss sich, weil seine Heizung kaputt geht, Sorgen machen.« Das verrät nur, wie Scholz die Bürger gern hätte, entmündigt und zu beschränkt, um von A bis B zu denken. Die Bürger sollen glauben, die grün illuminierte Zeitenwende sei harmlos, obwohl sie ihnen an die Gurgel geht.
Nichts ist der Ampelkoalition annähernd so wichtig wie »Klimaschutz«, schon gar nicht der Schutz der Bürger vor Wohlstandsverlust. »Klimaschutz« ist ein Dogma.

Etwas, was es nach Ansicht des einstigen grünen Europa-
abgeordneten Reinhold Messner gar nicht gibt. Geschützt
werden kann nur der Mensch vor den Wirkungen des
Klimawandels.

Es ist wahrscheinlich ein kluger Schachzug, dass Scholz
nicht auch noch die SPD führen will. Er muss gar nicht
erst den Eindruck erwecken, als habe er sie im Griff. Tatsächlich tanzt sie nach seiner Pfeife. Das ist der Trick. Er
will die Dinge in seinem Sinn biegen lassen, aber nicht
der Bieger sein. Man könnte es ihm, wenn die Sache in die
Hose geht, zum Vorwurf machen. Dann tut er so, als habe
er gar nicht teilgenommen – etwa an den Versäumnissen
der Regierung Merkel, deren Vizekanzler er doch gewesen ist. Im Zweifel mag er sich an nichts erinnern, wie an
den unaufgeklärten Korruptionsskandal um die Hamburger Warburg-Bank, als er Hamburgs Erster Bürgermeister gewesen ist.

Meist reagiert Scholz nur, lässt sich zu Waffenlieferungen
an die Ukraine drängen. Manches spricht für sein Zögern,
würde er es nur begründen. Selbst mit der unvermeidba-
ren Entlassung der radikal überforderten Verteidigungs-
ministerin Christine Lambrecht freundet Scholz sich
lange nicht an und muss zum Handeln getrieben werden.
Er erträgt die »feministischen Reflexe« (Baerbock) seiner Außenministerin und das Versagen seiner Fachminis-
ter für Gesundheit, Wirtschaft, Bildung, Wohnungsbau,
Umwelt usw. Es spielt sich Innenministerin Nancy Faeser
in den Vordergrund, die sich weigert, die ungesteuerte
Zuwanderung zu bremsen, und sie stattdessen belebt.

Vom Kanzler ist zu brennenden Problemen oft lange
nichts zu hören. Scholz will nicht als Führer wahrgenommen werden. Er müsste dann sein Konzept ja zur Diskussion stellen. Wie seiner Lehrmeisterin Merkel genügt ihm

die Macht. Sein Advokatentum verharmlost noch jeden Knackpunkt zum Spiegelstrich im Kleingedruckten. Scholz gibt scheinbar kein Rätsel auf. Rätselhaft ist die Naivität der Deutschen gegenüber ihrer Regierung.

Die Partei, die als einzige die Freiheit im Namen trägt, was mit Freiheitsliebe nicht zu verwechseln ist, steckt 2017 in einem Dilemma. Es gibt nach der Wahl zwei Optionen. Die Neuauflage einer »großen« Koalition von CDU/CSU und SPD und die Jamaika-Koalition: schwarz-grün-gelb. Angela Merkels Traum von einem schwarz-grünen Bündnis lässt sich nicht realisieren, die Kanzlerin ist gezwungen, die FDP mit ins Boot zu holen. Ihr unstillbares Verlangen, den Grünen zu gefallen und ihnen alle Wünsche von den Lippen abzulesen, bleibt der FDP nicht verborgen. Sie soll sich mit Ämtern abfinden lassen und dafür ihre Agenda verleugnen. So machtversessen ist nicht einmal die FDP. Noch vor den eigentlichen Koalitionsverhandlungen bringt Parteichef Christian Lindner die Lage auf den Nenner: »Lieber nicht regieren als schlecht regieren.« Die Jamaika-Koalition scheitert an Merkels Liberalismus-Intoleranz. Der Mainstream schiebt die »Schuld« jedoch einseitig der FDP zu.

Um sich den erneuten Vorwurf zu meiden, vor der Verantwortung zu fliehen, rauscht die FDP 2021 in ein zweites, noch tieferes Dilemma. Inzwischen hinreichend gierig nach Ämtern und Würden heißt es nun: Lieber schlecht regieren als nicht regieren.

Die drei Parteien der Ampelkoalition passen zusammen wie Kannibalen und Frutarier. Die Liberalen pflegen ihr individualistisches, die beiden linken Parteien ihr kol-

37

lektivistisches Weltbild. In diesem Bündnis zieht die kleinste Partei naturgemäß den Kürzeren zum Schaden des eigenen Profils. Trotzdem trägt es ihr den Ruf des Störenfrieds ein.

Lindner, der Kassenwart, hat nicht nur eine beispiellose Verschuldung zu verantworten, sondern versucht auch noch, Schulden als »Sondervermögen« zu tarnen. Das Unvermögen, solide zu wirtschaften, lässt sich nicht verheimlichen. Eigentlich müsste die FDP die Regierung verlassen. Ihre Selbstachtung konkurriert gegen den Selbsterhaltungstrieb – und unterliegt.

Die Behauptung der FDP, das Schlimmste zu verhindern, ist nichts wert, wenn sie das Schlimmste nicht verhindern kann. Das wird deutlich am Atomausstieg. Der grüne Wirtschaftsminister Robert Habeck weigert sich trotz des Strommangels, die letzten drei Meiler länger als vereinbart laufen zu lassen. Die FDP hält ein wenig dagegen. Es folgt die »Richtlinienentscheidung« des Kanzlers. Zwei Meiler bleiben ganze drei Monate im »Streckbetrieb«, dann ist endgültig Schluss – eine im Grunde nur kosmetische Korrektur. Die Grünen setzen sich durch. Statt neue Brennstäbe zu besorgen, steigt die Regierung gegen den weltweiten Trend mitten in der Energiekrise aus der einzigen klimaneutralen Energieform aus, die Grundlast liefert, wenn Dunkelflaute herrscht.

Doch Opposition in der Regierung funktioniert nicht. Zu viele Kröten sind zu schlucken. Nach Einbußen bei Landtagswahlen steigt die Konfliktbereitschaft der Liberalen. Verkehrsminister Volker Wissing blockiert in Brüssel das Verbot des Verbrennermotors. Doch es ist mehr oder weniger ein Scheingefecht. Es bleibt im Grunde bei dem längst beschlossenen, kaum verbrämten Aus für die Blüte deutscher Ingenieurskunst, den Verbrenner. Auch der endgültige Ausstieg aus der Kernenergie bleibt ein Tabu, das die FDP nicht mehr anzurühren wagt.

In einer endlos langen nächtlichen Sitzung der Koalitionsspitzen entsteht der irrige Eindruck, den Grünen würden Grenzen aufgezeigt, Scholz bestimme die Richtlinien der Politik im Schulterschluss mit der FDP. Der Eindruck täuscht. Die Grünen haben zwar manche Maximalforderungen nicht durchgesetzt, doch insgesamt hat die Ampel ihren Klimatotalitarismus weiter verschärft. Nur die öffentliche Wirkung ist nun eine andere, günstigere, vor allem für die FDP, die als konfliktfähig gilt.

Der Einfluss der Grünen ist weit höher, als es dem Wahlergebnis entspricht. Nur gut ein Siebtel der Wähler stimmt bei der Bundestagswahl 2021 für die Grünen (14,8 Prozent). Sie erringen nur sechzehn Direktmandate – die alten Volksparteien 264. Dennoch halten sie das, was in gemütlicheren Zeiten »Lufthoheit über den Stammtischen« genannt wurde.

Ein Grund ist die starke Medienunterstützung. Aber das reicht als Erklärung nicht aus. Als im Januar 2023 im rheinischen Braunkohlenrevier der Ort Lützerath von Klima-Aktivisten geräumt wird, stellen die Grünen beide Seiten der Front. Sie besetzen alle Rollen selbst: die der Politiker, die den Abbau aushandelten, weil sie partout keine Kernenergie ertragen, und derjenigen, die ihnen im Bundestag zustimmten, um kurz darauf an der keineswegs nur friedfertigen Demonstration teilzunehmen. Sie stellen sogar den verantwortlichen Polizeipräsidenten, und am Abend besetzen sie alle Sessel bei *Anne Will*. Die anderen Parteien werden im Diskurs nicht mehr benötigt. So etwas gab es ganz früher nur in der bayerischen CSU, als sich die Staatspartei die Opposition selbst machte (auch in Sachen Kernkraft), weil Oppositionsparteien nicht nennenswert in Erscheinung traten.

Habeck & Co sind Fundis und Realos in Personalunion, eine Unterscheidung, die sinnlos geworden ist. Die Fundis sitzen mit am Tisch, wenn die Realos »Klimagerechtigkeit« zur neuen Staatsräson erheben. Tatsächlich sind die Grünen zur Staatspartei aufgestiegen.

Rigoroser als alle anderen Regierungsmitglieder hat Habeck sein Ministerium bis auf Referatsebene – ohne Ausschreibung – mit bedingungslosen Gefolgsleuten die Leitungsebene mit radikalen Klimalobbyisten besetzt. Etwa mit Staatssekretär Patrick Graichen, den Habeck vom grünen Klima-Thinktank *Agora Energiewende* als Chef-Strategen ins Ministerium holte, der ein verheerendes Gasheizungsverbot konzipierte. Als der Mann endlich entlassen werden musste, geschah es nicht wegen der Radikalität seiner Pläne, sondern wegen Vetternwirtschaft – sein Trauzeuge sollte Chef der Deutschen Energie-Agentur werden.

Dennoch dreht Habeck durch. »Es kann nicht sein, dass in einer Fortschrittskoalition nur ein Koalitionspartner für den Fortschritt verantwortlich ist, und die anderen für die Verhinderung von Fortschritt.« Er hält sich für den, der da ist, wo vorn ist. Sein Fortschrittsbegriff ist eine Phrase, die verschleiert, worum es ihm geht: um das Ende des Fortschritts. Habeck beklagt »Versuche, den Klimaschutz wieder zu einem Kulturkampf zu machen.« Das ist die dreiste Umkehr der Tatsachen. Die grünen Klimaschützer betreiben eine Kulturrevolution gegen die westliche Zivilisation.

Zwar macht sich der Vizekanzler hin und wieder lächerlich, empfiehlt Bäckern nicht mehr zu backen, wenn sie nicht pleite gehen wollen, und versetzt hunderttausende Eigenheimbesitzer mit Öl- und Gasheizungsverboten in Angst und Schrecken. Er wirkt wie Laokoon im tödlichen Kampf mit der Schlange der Realpolitik. Das ist kein erbaulicher Anblick. Aber die meisten Leute stören sich nicht daran, dass einer, der konsequent die Deindustrialisierung Deutschlands und den Weg in die Planwirtschaft betreibt, Wirtschaftsminister ist. Nichts dagegen, dass ein Kinderbuchautor in diesem Land Wirtschaftsminister werden kann – das Schlimme ist, dass er den Leuten auch noch gefällt, weil er Märchen erzählt. Wie schön er doch erklären kann, was er nicht versteht. Wenigstens sein Stoßgebet scheint geholfen zu haben: Lieber Gott, lass es wärmer werden! Deutschland kam gut durch den Winter, dank des Klimawandels.

Wie alle Glaubenskrieger ist auch Habeck davon überzeugt, den Weg des Heils zu kennen. Die Welt will er »heile machen« (sein Jargon!), indem er zerschlägt, was ihm ideologisch nicht passt. Doch scheint ihm zu dämmern, dass er überzogen haben könnte. »Eine Bundestagswahl, die diejenigen Politiker belohnt, die am wenigsten gelöst haben – da haben wir keinen Bock drauf«, schimpft Habeck. Die Probleme, die er zu lösen vorgibt, hat er selbst geschaffen. Als Erlöser will er sich kümmern. Wie bedauerlich »dass einige sich darum kümmern und andere weniger.« Er versteht unter »kümmern«, dass sich alle unter der Klimaknute krümmen. Der Lack ist inzwischen ab. Habeck erscheint als Repräsentant des grünen Spießertums.

Nicht leicht zu verstehen ist auch die Popularität der Außenministerin Annalena Baerbock. Kanzlerkandidatin wird sie aus keinem anderen Grund als dem, eine Frau zu sein. Sie komme vom Völkerrecht, prahlt sie und hübscht ihren Lebenslauf auf. Schmalspurstudium, Jobs in den Büros grüner Politikerinnen, zwei Bronzemedaillen bei deutschen Meisterschaften im Trampolinspringen: Zu mehr hat es nicht gereicht.

Die meisten Politiker sind Trampolinspringer und leben von geliehener Energie beim Sprung nach oben. Baerbock ist der Prototyp einer Politikergeneration, die ohne nennenswerte Bildung und Berufserfahrung direkt in höchste Ämter aufsteigt. Ihre Wissenslücken (»Kobold« statt »Kobalt«) sind Schenkelklopfer – aber schaden ihr nicht.

Macht Baerbock an der Spitze des Auswärtigen Amts nicht eine gute Figur? Ob sie unter »wertebasierter« Außenpolitik versteht, dass »wir« Krieg gegen Russland führen, wie sie sagt? So plappert sie sich ungeniert durch die Weltpolitik. Unter »feministischer Außenpolitik« versteht sie, dass die Unterdrückung iranischer Frauen mit Religion »nichts, aber auch gar nichts zu tun« hat. Dafür will sie im Auswärtigen Amt »feministische Reflexe« erzeugen. Reflexe regieren heute die Welt, nicht Argumente.

Die Ernennung der amerikanischen Generalsekretärin von *Greenpeace,* Jennifer Morgan, spricht weniger für Feminismus als für den wachsenden Einfluss bestimmter NGOs unter grünem Regiment. Dies berührt eine zentrale Frage: Wem fühlen sich grüne Politiker verpflichtet? Repräsentieren sie, wie es dem Grundgesetz entspräche, das ganze Volk? Folgen sie der Prämisse ihres Amtseids (den Nutzen des Volkes zu mehren, Schaden von ihm zu wenden) oder einer außerparlamentarischen Bewegung? Deutschen Interessen oder dem Klima?

Die Oppositionsparteien der bürgerlichen Mitte sehen gebannt zu, kämpfen aber nicht, legen sich mit denen, die das Land deformieren, nicht wirklich an. CDU-Chef und Oppositionsführer Friedrich Merz will seine einzige Machtoption nicht gefährden: die Koalition mit einer der beiden linken Parteien. Deshalb offeriert die Union keine echten Alternativen, sondern nur detailreiche Korrekturen.

Dunkelflaute herrscht, wenn weder Wind weht noch die Sonne scheint. Wenn Kraftquellen versiegen. Dunkelflaute ist auch eine Metapher für den Zustand der Politik. Es herrscht Dunkelflaute in den Köpfen derer, die sich für erleuchtet halten. Wer leuchtet ihnen heim?

Teufelskreise – wie Deutschland sich lähmt

Mit einem Mal erleben staatstreue Bürger den Staat als Feind. Demonstrationen gegen Covid-Maßnahmen werden verteufelt, Impfskeptiker als »Terroristen« (FDP-Politikerin Strack-Zimmermann) oder »Geiselnehmer« (Gesundheitspolitiker Lauterbach) verunglimpft, Ungeimpfte vom gesellschaftlichen Leben ausgesperrt. Der Rechtsstaat steht ihnen nicht zur Seite. Ungestraft bricht der Staat die eigene Verfassung.

Bundespräsident Steinmeier stellt keineswegs irritiert fest, nun habe wohl sogar »der Spaziergang seine Unschuld verloren.« Es hat aber auch die Demokratie in Deutschland ihre Unschuld verloren. Regierungen und Parlamente machen ohne Not aus Bürgerrechten Kleinholz.

Polizisten jagen während der amtlichen Freiheitsberaubung Rentner und Kinder aus den Parks. Zwar ist es offensichtlich, dass sich im Freien niemand anstecken kann, nur ist niemand mehr so frei, das für sich selbst zu entscheiden. »Querdenker«, die sich die Freiheit nehmen zu protestieren, trifft der absurde Vorwurf, schuld an der Verbreitung der Viren zu sein.

Zu Beginn der Pandemie werden die Gefahren noch kleingeredet, dann schüren die Verantwortlichen Panik. Trotz übertriebener Maßnahmen schneidet Deutschland nicht besser ab als andere Länder, die zurückhaltender verfahren. Japan zum Beispiel verzichtet mit einer vergleichbar alten Gesellschaft auf Lockdowns, setzt auf Eigenverantwortung und hat dennoch weniger Opfer zu beklagen. Deutschland fährt die Wirtschaft herunter, vernichtet Existenzen, verschleudert Milliarden für überteuerte Masken und Unmengen nicht benötigten Impfstoffs, verwehrt Kindern das Grundrecht auf Bildung. Die Kollateralschäden der Maßnahmen sind unbestreitbar größer als ihr Nutzen.

Die Kanzlerin sympathisiert sogar mit No-Covid und Zero-Covid. Manifeste der Extremisten kursieren im Kanzleramt und werden in den angeschlossenen Talkshows propagiert. Dort sitzen der einflussreichste Virologe der Republik, Christian Drosten, Aktivistinnen wie Melanie Brinkmann und SPD-Gesundheitspolitiker Karl Lauterbach wie angeklebt. Dagegen wird etwa der Wirtschaftsinformatiker Christoph Lüttge aus dem Ethikrat der Bayerischen Staatsregierung entfernt, als er im Februar 2021 das Ende des Lockdowns fordert und auf die geschädigten Kinder hinweist. Ihm und anderen Maßnahmenkritikern wird vorgeworfen, den massenhaften Tod alter und kranker Menschen ungeniert in Kauf zu nehmen.

Zur »moralischen Pflicht« erklärt ausgerechnet die Vorsitzende des Ethikrats, Alena Buyx, die, wie inzwischen feststeht, nicht risikofreie Impfung mit gentechnisch neuartigem Impfstoff. Selbst der Ethikrat erweist sich als handverlesener Haufen von Konformisten. Besonders schockierend ist die inhumane Freiheitsverachtung der Kirchen.

Das Innenministerium lässt im März 2020 von »Experten« ein Panikpapier verfassen: Das Worst-Case-Szenario sagt eine Million Todesopfer vorher. Tatsächlich sterben keine 172 000 Menschen an oder mit Covid-Infektionen. »Wissenschaftler« empfehlen der Politik, den schlimmsten Fall zu betonen, »um die gesellschaftlichen Durchhaltekräfte zu mobilisieren« und die Akzeptanz des Freiheitsentzugs zu erhöhen. »Um die gewünschte Schockwirkung zu erzielen, müssen die konkreten Auswirkungen einer Durchseuchung auf die menschliche Gesellschaft verdeutlicht werden.« Schuldgefühle werden produziert, aber die am meisten gefährdeten Bewohner der Altersheime nicht mittels einfacher Teststrategien hinreichend geschützt.

Allein der föderalen Vielstimmigkeit ist es zu verdanken, dass die Regierung Merkel nicht ihrem totalitären Drang nachgeben kann, wie in China das Unmögliche zu beschließen: die Ausrottung des Virus. Das ist keine Übertreibung. Drosten rühmt Chinas diktatorische Zwangsmaßnahmen im Januar 2021 als »sehr guten Anfang«. Merkels Regierung diskutiert ernsthaft die Übernahme einzelner Elemente des chinesischen Social-Credit-Systems, also die Belohnung von Wohlverhalten und die Bestrafung von Unbotmäßigkeiten. Noch im Sommer 2022 lobt Gesundheitsminister Lauterbach die No-Covid-Strategie als »noble Idee«. Nie hat er die Evidenz all seiner Maßnahmen seriös überprüfen lassen. Aber weder das Versprechen, für künftige Pandemien vorsorglich einen Vorrat an Masken, Schutzkleidung und Medikamenten anzulegen wird erfüllt, noch die im Koalitionsvertrag angekündigte Lösung des in der Pandemie verheerend agierenden Robert-Koch-Instituts aus der Befehlsgewalt des Gesundheitsministers.

Die Deutschen leben nun nicht mehr, um zu leben,
sondern um nicht an Covid zu sterben. Das Gesundheitssystem ist nicht mehr für die Gesellschaft da, sondern die
Gesellschaft für das Gesundheitssystem, dessen Intensiv-
stationen angeblich überlastet sind – aus Personalmangel.
Ungezählte Menschen kommen zu Tode, weil ihre
Krankheiten, etwa Krebs, in der Pandemie nicht rechtzeitig behandelt werden. Tausende sterben in Isolation,
ohne Abschied von ihren Angehörigen nehmen zu dürfen. Fettleibigkeit und Gesundheitsschäden durch Bewe-
gungsmangel werden ebenso in Kauf genommen wie die
massenhafte Zunahme an Depressionen.
Uneinsichtig bleibt das »Team Vorsicht« (CSU-Chef
Söder) bei seiner Linie und beschließt noch im Juni 2022
ein neues Infektionsschutzgesetz. Es gilt trotz aller als
unsinnig erkannten Maßnahmen noch immer. Die kriti-
sche Aufarbeitung der Pandemiemaßnahmen lässt auf
sich warten, obwohl sich fast alle Maßnahmen als untaug-
lich erwiesen haben. Allenfalls Bedauern ist zu vernehmen. Karl Lauterbach sieht Fehler nur bei seinem Vor-
gänger Jens Spahn. Man habe es nicht besser wissen
können, heißt es, sei nur den angesehensten Experten
gefolgt. Falsch! Abweichende wissenschaftliche Stand-
punkte wurden bewusst abgelehnt und diskriminiert.

**Warum stehen die Grünen und Linken in der vorders-
ten Linie der Freiheitsverächter?** Die Antwort liegt auf
der Hand. Sie sehen in der Angst vor dem Virus ein Hilfs-
mittel der Gesellschaftsveränderung. Lauterbach glaubt,
Lockdowns und andere Verbotsexzesse auch im Klimaschutz gut gebrauchen zu können.
Deshalb beteiligen sich Klimaaktivisten wie Luisa Neu-
bauer, das deutsche Gesicht von *Fridays for Future*, an den

No-Covid-Appellen. Die Corona-Pandemie wird im Kulturkampf gegen die freiheitliche Gesellschaft zur Waffe. Sie erscheint als Vorübung der großen Transformation, als Vorzeichen der angestrebten Zeitenwende.

Die Zeitenwende, die der Kanzler verspricht, gilt dagegen zunächst der Bundeswehr. Sie müsse, sagt er im Februar 2022, »die am besten ausgerüstete Streitkraft der NATO in Europa« sein. Wäre sie nur halbwegs verteidigungsfähig!

Zu Beginn der Berliner Republik konnte niemand erklären, wozu die Bundeswehr eigentlich noch gut ist. Folgerichtig wurde sie kaputt gespart und die Wehrpflicht abgeschafft. Für Sicherheit sorgten die USA, deren Auftreten die Deutschen notfalls »moralisch« begleiteten. Die »Friedensdividende« wurde kassiert und die Wehrpflicht abgeschafft.

Mit dem Überfall Russlands auf die Ukraine schlägt die pazifistische Moral einen Salto mortale. Niemand kann heute die Feuerkraft gepanzerter Waffen besser erklären als grüne »Schwerter-zu-Pflugscharen«-Prediger. Nun wird der Verfall der Bundeswehr als erstklassiges Sicherheitsrisiko wahrgenommen. Deutschland soll aus den Beständen der Bundeswehr die Ukraine aufrüsten. Die Waffenhilfe geht zulasten der Bundeswehr.

Mit der Verkündung der »Zeitenwende« durch Kanzler Scholz wird ein »Sondervermögen« von 100 Milliarden aufgelegt. Ein Jahr später herrscht noch mehr Mangel. Das Ministerium hat noch keinen Wirtschaftsplan vorgelegt. Die Munition reicht nur für wenige Tage. Die meisten Flugzeuge, Schiffe, Panzer sind nicht einsatzbereit. Im Haushalt für 2023 ist der Etat der Bundeswehr um 300 Millionen gekürzt worden. Ein neuer Verteidigungsminister soll sich kümmern – die Sehnsucht nach einem Mann (!) an dieser Stelle ist so groß, dass er auf Anhieb auf Platz eins der einschlägigen Politikerrankings stürmt. Christine Lambrecht, die Anfang 2023 zurücktritt, ist nicht die erste Blindgängerin in diesem Amt gewesen. Vor ihr haben die CDU-Politikerinnen von der Leyen und Kramp-Karrenbauer versagt.

Die Bundeswehr erstickt in bürokratischem Trott. Ihr fehlt nicht bloß Geld, sondern auch ein fähiges Management, was der neue Minister Boris Pistorius erkannt zu haben scheint, der Führungsstäbe verkleinert und neu besetzt. Schleppende Beschaffungsbürokratie, Kompetenzwirrwarr und mangelnder politischer Willen kommen zusammen. Sie ist mehr eine Behörde denn eine Armee. Dafür, uninspiriert und umständlich zu sein, sind deutsche Behörden mittlerweile bekannt. Der teuerste, technisch überzüchtete Schützenpanzer der Welt etwa hat den kleinen Nachteil, nicht einsatztauglich zu sein. Dafür erfüllt der Puma sämtliche Arbeitsschutzmaßnahmen und bläst so feinstaubarme Luft in den Fahrgastraum, dass nach strengsten zivilen Grenzwerten schwangere Soldatinnen sicher ins Gefecht transportiert werden könnten. Kein Mangel herrscht am Gehorsam der Generalität.

Das volltönende Wort Zeitenwende verschleiert die Kluft zwischen Wollen und Können. Die Bürger zucken mit den Schultern, als sei die Verschwendung höhere Gewalt.

Die Autobahn ist eine der Errungenschaften, die weltweit für Deutschland stehen. Der Stolz der Deutschen ist zunehmend marode. Sein Zustand entspricht den Zielen grüner Verkehrspolitik, obwohl die Grünen nichts dafür können. Im Osten rächen sich falsche, allzu kurzlebige

Betonmischungen, im Westen sind verrottete Brücken das Elend, allein im Sauerland auf der A 45 sind es sechzig, im ganzen Land viele Hundert. Die von der Baulobby durchgesetzte falsche Spannbetontechnik zählt zu den Ursachen, aber auch das Versäumnis, die Bauwerke instand zu halten. Der Verkehr nimmt seit Langem zu, vor allem der LKW-Verkehr. Ein Laster fordert eine Brücke so stark wie sechzig Autos.

474 000 Staus oder stockender Verkehr mit einer Gesamtlänge von etwa 733 000 Kilometern wird 2022 laut ADAC auf deutschen Autobahnen registriert. Mit achtzig Milliarden Euro im Jahr belasten die Staus die Volkswirtschaft, so der Verkehrswissenschaftler Michael Schreckenberg von der Uni Duisburg-Essen. Motoren, die im Stau laufen, sind zwar besonders schlecht fürs Klima, aber in den Augen von Klimaaktivisten ist alles gut, was den Autofahrern schadet. Sie haben auch kein Verständnis für Leute, die auf dem Weg zur Arbeit Lebenszeit verschwenden.

Ursache der meisten Staus sind Baustellen. Staus erzeugen Staus. Denn sie sind wiederum Ursache für rund die Hälfte aller Unfälle. Je kaputter die Autobahnen, desto mehr Staus, desto mehr Unfälle.

Doch im Baustellenmanagement der bundeseigen Autobahn AG herrscht business as usual. Im Vergleich mit Nachbarländern wird in Deutschland zu langsam gebaut, in der Regel mit nur einer Schicht am Tag, an Wochenenden gar nicht. Die Abläufe sind schlecht abgestimmt. Niemand übt Zeitdruck aus, obwohl Erfahrungen anderswo belegen, dass Prämien für Schnelligkeit den Baufirmen Beine, die Instandsetzungen preiswerter und das Autofahren zügiger machen. Es gibt nicht einmal Strafzahlungen für Schlendrian, denn sie stehen nicht in den Verträgen.

Statt Verkehrssicherheit, Klimaschutz und Wirtschaftlichkeit zusammenzudenken, diskutieren links-grüne Verkehrspolitiker am liebsten übers Tempolimit. Die Autofahrer nehmen es hin, nicht einmal der ADAC erhebt noch energisch seine Stimme.

Was für ein Aufschrei der Grünen, als Verkehrsminister Wissing verlangt, dass nicht nur die dysfunktionale Bahn, sondern auch das Autobahnnetz beschleunigt saniert und verbessert werden soll – mit 140 Projekten, die an grünen Landesregierungen immer noch scheitern können.

Von der Entlastung der Autobahnen durch die Verlagerung von Gütern auf die Schiene wird seit Jahrzehnten geredet. Es fehlt an Schienen und an rollendem Material, und an Personal fehlt es auch. Das mithilfe der Bahn anvisierte klimapolitische Ziel wird verfehlt. Dafür pferchen sich Bürger mit 9- und danach 49-Euro-Tickets in die Bahn, was wiederum die Bahn überfordert, die Züge noch unpünktlicher macht und das Geld für den Ausbau verringert. Johannes Vogel, stellvertretender Vorsitzender der FDP, einer Regierungspartei: »Das Land ist katastrophal planlos.«

Und alles hängt immer mit allem zusammen. Beispiel: Die Covid-Maßnahmen schwächen das Immunsystem. Deshalb erkranken im Winter 22/23 extrem viele Menschen an gewöhnlichen Erkältungskrankheiten. Das wiederum betrifft den öffentlichen Nahverkehr. In den großen Städten fallen 20 Prozent des Personals aus. Züge bleiben stehen.

Was haben Optimismus und Fieberzäpfchen gemeinsam? Beide sind schwer lieferbar. In der früheren Apotheke der Welt fehlt es an Hustensaft für Kinder, an Krebsmedikamenten, an Antibiotika, weil die Pharmaindustrie im teuersten Gesundheitswesen Europas den geringsten Profit mit den Kassen macht.

Es ist ein Muster für Selbstblockaden. Mit jeder »Reform« kommt mehr bürokratischer Aufwand. Es fehlt auch an Ärzten und Pflegepersonal. Statt das zu ändern, werden Krankenhäuser geschlossen. Eine Folge davon sind längere Rettungswege für Notfallpatienten; die »Reform« wird Leben kosten. Die Beitragszahler der Kassen werden motiviert, so viel wie möglich aus ihrer Versicherung herauszuholen. In keinem Land gehen sie häufiger zum Arzt – falls sie noch einen Termin bekommen –, ohne jedoch gesünder zu sein als anderswo. Alle Beteiligen – Ärzte, Pharmaindustrie, Patienten – werden zum Missbrauch des überteuerten Systems geradezu ermuntert.

Als hätte sie sonst keine Probleme, werden der Wirtschaft zusätzliche Knüppel zwischen die Beine geworfen. Zum Beispiel ein Ungetüm mit dem pompösen Titel Lieferkettensorgfaltspflichtengesetz. Darüber ließe sich reden, würde damit nicht nur die Wirtschaft belastet, sondern auch den Werktätigen in der Dritten Welt geholfen. Als 2012 wegen gravierender Baumängel eine Textilfabrik in Bangladesch abbrannte und mehr als hundert Arbeiterinnen starben, wurde das Gesetz auf den Weg gebracht.

Katastrophen wie diese kann es zwar nicht verhindern, verpflichtet deutsche Firmen jedoch dazu, Arbeits- und Umweltbedingungen ihrer Lieferanten zu prüfen und nachzuweisen. Lieferkettenbeauftragte müssen bestellt, Hunderte von Fragen beantwortet und die Antworten vom Bundesamt für Ausfuhrkontrolle überprüft werden. Trotz bester Bemühungen vermag keine Firma für Tausende von Lieferanten und Hunderte von Produkten zu bürgen. Folglich wird die unlösbare Aufgabe für viel Geld an Organisationen wie den TÜV vergeben.

Das garantiert nicht überall auf der Welt saubere Verhältnisse nach deutschen Maßstäben, steigert jedoch zuverlässig den bürokratischen Aufwand und schwächt die Wettbewerbsfähigkeit der deutschen Wirtschaft. Große Konzerne werden damit eher fertig, manchem Mittelständler geht das Gesetz an den Kragen. Zumal dann, wenn nach Maßgabe einer EU-Richtlinie ab 2025 jeder Betroffene auf Entschädigung klagen kann. Ein neues Feld für internationale Law Firms zeichnet sich ab. Das Lieferkettensorgfaltspflichtengesetz ist ein Exempel für die verhängnisvolle Wirkung guter Absichten, die rigoros durchgesetzt werden. Sie sind ein weiteres Beispiel dafür, wie sich überregulierende Bürokratie und Moralismus bestens ergänzen. Es sind die beiden Leitmächte der Berliner Republik.

Die Wirtschaft kämpft mit immer mehr Klimaschutzauflagen und Energiekosten, die in Deutschland so heftig explodieren wie nirgendwo sonst. Statt zu wachsen, wandern Firmen ab oder machen Produktionsstätten dicht. Wie reagieren die Unternehmer? Sie rufen nach noch mehr Staat, wollen von eben jenem Staat gerettet werden, der sie gängelt und dem sie einen guten Teil ihrer Schwierigkeiten verdanken. Soziale Marktwirtschaft ist nur noch ein Echo aus uralten Tagen. Deutschland nimmt mit Riesenschritten den Weg in die Planwirtschaft. Subventionen und Verbote steuern die Produktion. Der ergrünte Staat bezahlt mit Milliarden – die er nicht hat – die »klimagerechte« Transformation der Wirtschaft und zwingt sie in Abhängigkeit, soweit sie es nicht vorzieht, das Land zu verlassen,

Weltklasse ist in Deutschland die Steuer- und Abgabenlast. Es belegt Platz zwei hinter Belgien. Fast die Hälfte des Gehalts – 48,1 Prozent – liefern deutsche Singles im Schnitt ab, international liegt das Mittel bei 34,6 Prozent. In den beiden großen Koalitionen unter Führung Merkels ist die Steuer- und Abgabenquote stärker gestiegen als jemals zuvor in der Geschichte der Bundesrepublik. Auch die mit Abstand meisten Steuervorschriften gibt es in Deutschland. Ein Heer von Steuerberatern lebt davon prächtig – ist sogar überlastet, weil den Steuerzahlern nicht nur immer mehr Steuern, sondern auch immer mehr Bürokratie zugemutet wird. Dass korrektes Steuerzahlen kaum ohne teure Steuerberatung geht, ist ein eigener Skandal.

Beteuerungen, das Steuersystem zu vereinfachen, klingen unglaubwürdig. Es scheint so gewollt. Der Bürger soll es nicht durchschauen. Es ist Voraussetzung seiner Bevormundung. Ist das die wahre Bestimmung des immer komplizierteren Steuersystems? Die Vertracktheit, beschönigt als »Einzelfallgerechtigkeit«, ist die perfektionierte Methode der Entmündigung. Der zynische Gipfel: Millionen Eigentumswohnungs- und Eigenheimbesitzer sind genötigt, an ihrer partiellen Enteignung mittels rigoros erhöhter Grundsteuern mitzuwirken. Mit vorgehaltener Pistole zwingt sie der räuberische Staat, sich selbst die Grube zu graben.

Deutschland ist der kranke Mann Europas. Es ist abzusehen, dass der größte Zahler der EU zum Pflegefall wird. Kein Zweifel, auch die EU ist auf den falschen Weg geraten und erweist sich als reformunfähig. Im Klimawahn stranguliert sie maßgeblich unter deutscher Führung die Wirtschaft mit immer mehr Vorschriften. Ein Heer hoch bezahlter Bürokraten reglementiert Gewerbetreibende und Bürger.

Die Selbstüberschätzung der Deutschen als Mustereuropäer hält sich hartnäckig. Vor zwanzig Jahren musste das Land schon einmal als »kranker Mann« behandelt werden. Die Wachstumsschwäche damals war jedoch eine ganz andere. Unter Kanzler Schröder zog sich Deutschland mit Reformen an den eigenen Haaren aus dem Sumpf. Heute hat es nicht einmal einen Plan.

Teufelskreis Bildung. Er fängt mit Mangel an Frühpädagogik an und endet mit Mangel an Fachkräften im Handwerk. Es stehen dem Arbeitsmarkt zu wenige Frauen zur Verfügung. Jeder weiß, woran das liegt: Sie hüten ihre Kinder. Obwohl Rechtsanspruch auf einen Kitaplatz besteht, fehlen fast 400 000 Plätze. Es könnten noch mehr werden, denn es gibt zu wenig Personal.

Verschärft wird die Lage durch die Zuwanderung. Flüchtlingskinder sollten betreut werden, sonst klappt das mit der Integration nicht, und sie liegen später dem Sozialstaat auf der Tasche, statt als dringend benötigte Fachkräfte Steuern zu zahlen.

2022 strömen offiziell 1,2 Millionen Flüchtlinge ins Land, 2023 sind es noch mehr. Eine Million kommen aus der Ukraine nach Deutschland, dem nach Polen beliebtesten Zufluchtsland, die anderen überwiegend aus Syrien, Afghanistan und der Türkei. Aus diesen drei Ländern strömen mehr Migranten nach Deutschland als in alle anderen EU-Staaten zusammen. Nach 2015, dem Jahr der Merkel'schen Willkommenskultur, haben die Regierenden nichts dazugelernt. Die Koalition lässt auch die abgelehnten Asylbewerber im Land. Von 300 000, die ausreisen müssten, werden 2022 nur 6000 abgeschoben. Der Erwerb deutscher Pässe wird erleichtert. Auch die Gerichte erkennen mangelnde »soziale Sicherheit« mittlerweile als Asylgrund an. Deshalb werden Flüchtlinge aus dem EU-Land Griechenland nicht mehr abgewiesen. Die Regierung lehnt jede Begrenzung ab.

Noch immer ist die Regierung nicht in der Lage, zwischen zwei unterschiedlichen Aufgaben zu unterscheiden: der schwierigen Integration von Flüchtlingen und der erwünschten, ja gebotenen Einwanderung.

Deutschlands Wirtschaft sucht 800 000 Fachkräfte. Aus dem Ausland kommen 2021 gerade einmal 40 000. Zehnmal so viele pro Jahr verspricht die Regierung. Bis 2035 werden 7 Millionen Fachkräfte fehlen. Sie werden abgeschreckt von hohen Steuern, der Schwierigkeit Wohnraum zu finden, und bürokratischen Hürden. Für den Arbeitsmarkt ungeeignete Flüchtlinge werden überwiegend nicht von der Aussicht auf Arbeit von Deutschland angelockt, sondern von hohen Sozialleistungen.

Den überforderten Kommunen wird nicht geholfen. Nennt jemand die Dinge beim Namen, etwa der Landrat von Bautzen, Udo Witschas, ein CDU-Mann, der in seiner Weihnachtsansprache um den sozialen Frieden fürchtet und sich weigert, den Schul- und Vereinssport »für diese Asylpolitik bluten« und Turnhallen als Aufnahmelager zweckentfremden zu lassen, schlägt eine Woge der Empörung über den »Hassredner«. Auch aus der eigenen Partei. Wird – wie in Lörrach – gegen die Entmietung sozial schwacher Einheimischer zugunsten von Migranten protestiert oder in Berlin gegen die Umwandlung eines kirchlichen Pflegeheims zu einträglicheren Notunterkünften, entrüsten sich die Woken.

Teufelskreis Verschuldung. Neben dem »Sondervermögen« Bundeswehr schlägt der Schattenhaushalt »Klima- und Transformationsfonds« in Höhe von 200 Milliarden Euro zu Buche. Die klimaneutrale Produktion etwa von Stahl wird vom Steuerzahler finanziert. Wie immer werden Konflikte, auch die zwischen Ökonomie und Ökologie nicht ausgetragen, sondern nur in die Zukunft verschoben, wo sie umso verheerender wirken werden. Die Zeit des billigen Geldes ist vorbei. Die öffentlichen Haushalte werden unter Zinsen und Tilgung in wenigen Jahren in die Knie gehen.

Immer mehr Aufgaben, Gesetze, Vorschriften, immer kompliziertere, langwierigere Genehmigungsverfahren. Fünf Millionen Deutsche, zehn Prozent aller Berufstätigen, arbeiten im öffentlichen Dienst, 1,7 Millionen davon sind Beamte. 7000 neue Stellen gehen auf Kosten der Ampelkoalition – trotz Rekordverschuldung. Davon fallen allein im ersten Jahr nach der Wahl 1742 Stellen auf die Bundesregierung. Am heftigsten blähen die beiden Vorzeigegrünen Habeck und Baerbock ihre Ministerien auf, davon profitieren viele Parteifreunde und Aktivisten von NGOs. Es herrscht durchaus kein Nachholbedarf: Bereits in den vergangenen zehn Jahren wuchs die Bundesregierung um 60 Prozent von 17 000 auf 27 000 Stellen. Insgesamt stieg die Zahl der Beschäftigten von Bund, Ländern und Gemeinden in dieser Zeitspanne um 300 000 Stellen. Dennoch fehlen noch immer angeblich 360 000 Leute im öffentlichen Dienst. Zahlen, die sich selbst kommentieren. Wäre die Verwaltung dabei wenigstens effizienter geworden. Doch mit der Digitalisierung hapert es nach wie vor.

Auch die Landwirtschaft wird transformiert. In den grünen Köpfen spukt das romantische Bild von kleinbäuerlichen Produktionsbedingungen. Die Bundesregierung hat vor, bis 2030 in Deutschland 30 Prozent der Agrarwirtschaft auf Ökolandbau umzustellen. Das reduziert die Erträge, verteuert die Lebensmittel zulasten der Schwachen und schafft eine neue Abhängigkeit Deutschlands von Importen.

Tierwohl und Klimawahn sind ein Interessenbündnis eingegangen. Auch die Reduktion der Fleischerzeugung um die Hälfte ist erklärtes Ziel der Regierung. Schon sind Engpässe und enorme Preissteigerungen spürbar. Der Verzicht wird erzwungen, wenn das Volk nicht lassen will von Bratwürsten und sauer verdientem Braten. Importfleisch, billiger, weniger tiergerecht und keineswegs klimafreundlicher erzeugt, drängt auf den Markt.

Gratis obendrauf kommt der Mangel an Gülle und Mist, wertvollem Dünger. Die Alternative ist Kunstdünger. Der wird aus Erdöl und Gas hergestellt. Kunstdünger wird teurer, Fabriken schließen. Denn auch aufgrund verschärfter Umweltschutzmaßnahmen setzen die deutschen Bauern deutlich weniger Kunstdünger ein.

Unter der Explosion der Erzeugerpreise um 20 Prozent leiden zuerst die Bioläden. Die Verbraucher setzen Prioritäten: »Erst kommt das Fressen, dann kommt die Moral« (Bertolt Brecht).

Es gibt Wichtigeres als das Klima: die Ernährung von acht, bis Mitte des Jahrhunderts zehn Milliarden Menschen. Die Weltgemeinschaft hat sich vorgenommen, bis 2030 den Hunger in der Welt zu beseitigen. Tatsächlich nimmt der Hunger wieder zu, weil in Folge von Krieg und Pandemie die Produktion von Lebensmitteln sinkt und die Preise explodieren.

Zehn Milliarden Erdenbürger sind nicht mit Biolandwirtschaft sattzubekommen. Nötig sind gentechnisch veränderte ertragreichere Feldfrüchte, die auch in von Dürren bedrohten Gegenden mit weniger Wasser auskommen. Die ideologisch verbohrte Klimasekte lehnt sie ab. Selbst die evangelische Organisation »Brot für die Welt« wettert gegen gentechnisch erzielbare Ertragssteigerungen und nimmt damit Hunger in Kauf. Greenpeace lehnt etwa den Anbau von verbessertem, vitaminreicherem »Goldenem Reis« ab, der pro Jahr einer Million hungernden Kindern das Leben retten könnte. Das ist so, als würde bewusst auf Mittel gegen Malaria oder Aids verzichtet.

Landwirtschaft in der notwendigen Größenordnung kommt nicht ohne Kunstdünger aus. Klimakämpfer würden Kunstdünger gern verbieten. In Sri Lanka hat die Umstellung auf Öko-Landwirtschaft bereits zu dezimierten Ernten geführt, der davon verursachte Mangel zu Unruhen und die Unruhen zum Staatsbankrott.

Radikalen Klimaschützern ist allerdings auch Biolandwirtschaft noch nicht genug. Sie träumen von einer Welt ganz ohne Felder und Ställe. Wer unter Ernährung nur die Bereitstellung von Betriebsstoffen für Menschen versteht, hat nichts gegen Nahrungsmittel aus Algen, Heuschrecken, Würmern und Insekten. Sie dürfen nun ins Essen gemischt werden. Fleisch lässt sich auch im Labor aus Stammzellen generieren. Gemüse lässt sich in Fabriken ziehen, auf weniger Fläche, mit weniger Wasser, lediglich mehr Energie ist nötig. Strom aus der Steckdose.

Die Agrarrevolution könnte die neolithische Revolution in den Schatten stellen, die in der Steinzeit Sammler und Jäger zu sesshaften Bauern machte und damit die Zivilisation auf den Weg brachte. Zivilisation: ein Kandidat für das Unwort des Jahres.

Ernährung ist mehr als die Aufnahme von Nährstoffen. Sie ist ein wichtiger Teil der Leitkultur. Die soll verschwinden. Insofern passt eine grüne Ernährungspolitik in das Konzept der großen Transformation, die darauf abzielt, den Menschen zu einem besseren Wesen zu dressieren.

Ein voraussehbares Desaster ist die Absicherung im Alter. Die erste falsche Weichenstellung geschah bereits im Wirtschaftswunderland. Kanzler Konrad Adenauer setzte gegen alle Mahnungen seines Wirtschaftsministers Ludwig Erhard die Rente durch, die automatisch mit den Löhnen steigt – ein System, das nur funktionieren kann, solange die Wirtschaft wächst und der Anteil der Erwerbstätigen und Rentnern in einem vernünftigen Verhältnis zueinander steht.

»Die Rente ist sicher«: Der hohle Spruch von Kohls Dauer-Sozialminister Norbert Blüm war schon vor langer Zeit zum schalen Witz verkommen. Der viel beschworene Generationenvertrag ist nur noch Papier. Die Alten der starken Jahrgänge leben immer länger. Die wenigen Jungen müssen immer mehr schultern und werden im Alter weniger bekommen. Heute schon wird die Rentenversicherung aus Steuermitteln mit 100 Milliarden Euro jährlich gestützt. Die Regierung stemmt sich gegen die logische Einsicht, dass nur ein späteres Renteneintrittsalter helfen kann – zumal so auch der Fachkräftemangel gelindert werden könnte. Zu einer tiefgreifenden Reform der Rentenversicherung sind die von Wahl zu Wahl schlitternden Parteien nicht in der Lage.

Vierzig Prozent der Deutschen arbeiten nur in Teilzeit, bei Weitem nicht alle wollen es, wie Zahlen des *Instituts für Arbeitsmarkt- und Berufsforschung* der *Bundesagentur für Arbeit* belegen. Wenn die Erwerbsquote der 60- bis 69-Jährigen so hoch wäre wie die der kaum Jüngeren, stünden 2,4 Millionen Arbeitskräfte mehr zur Verfügung. Der Staat aber tut nach wie vor alles, damit sich Leistung nicht lohnt. Besonders nicht im Alter.

Zu viele Beitragszahler scheiden vor Erreichen der regulären Altersgrenze aus. Andere empfinden die Norm, mit einem bestimmten Alter aufhören zu müssen, als Willkür, die keine Rücksicht auf individuelle Bedürfnisse, Fähigkeiten und Erfahrungen nimmt. Das Fallbeil der Rentengrenze ist keine soziale Wohltat, sondern eine Form von Altersrassismus.

Der Mangel an Wohnraum zählt ebenfalls zu den größten Missständen. »Bezahlbares Wohnen« verspricht die Ampelkoalition. 400 000 neue Wohnungen pro Jahr sollen gebaut werden, 700 000 würden tatsächlich gebraucht, knapp 280 000 wurden 2022 fertiggestellt, 2023 sind es vermutlich nicht einmal mehr die prognostizierten 245 000. Ursachen sind die Inflation der Baukosten, Engpässe bei Material und Personal, der enorm steigende Wohnraumbedarf durch Zuwanderung. Außerdem steigt die Zahl der Haushalte dadurch, dass die Alten ihre Wohnungen behalten, nachdem die Kinder ausgezogen sind und selbst Wohnraum beanspruchen. Warum sollten sie auch ihre günstige große Wohnung gegen eine teurere kleinere eintauschen?

Inzwischen ist der Wohnungsbau der hohen Zinsen wegen geradezu kollabiert. Statt alle Kraft auf den Neubau von Wohnhäusern zu konzentrieren, sabotiert der Staat den Wohnungsbau mit immer monströseren Vorschriften. Schallschutz, Brandschutz, Dämmung. Überzogene Energieeinsparziele zwingen zur – teilweise erneuten –

Sanierung von vier Fünfteln aller Wohngebäude in den kommenden zwei Jahrzehnten. Fachleute schätzen die Kosten auf mindestens 3000 Milliarden Euro, das wären 88 Prozent des Bruttosozialprodukts, aufzubringen von Bauherren und Mietern, die schon heute unter Kostenexplosionen in die Knie gehen.

Ineinander verschlungene Teufelskreise. Ihre Verursacher und Verwalter verbreiten die Lüge, es käme nur darauf an, die richtigen Stellschrauben zu justieren. Immer wieder wird hektisch an einigen gedreht, aber am unbrauchbaren Mechanismus des ganzen Transformations-Systems ändert das nichts. Der erzeugte Mangel an allen Ecken und Enden hat Methode.

Die verkorkste Energiewende verfehlt die gesetzten Klimaziele und belastet Bürger und Wirtschaft mit den höchsten Energiekosten. Obwohl nur zwei Prozent der Treibhausgase in Deutschland emittiert werden, betreibt kein Land verbissenere Klimapolitik.

Kopflos ist der Furor, mit dem das Land auf batteriebetriebenen Individualverkehr umsteuert. Die ausgesprochen klima- und umweltschädliche Produktion von Batterien wird weitgehend ausgeblendet und die für Deutschlands Wirtschaft fundamentale Automobilindustrie beschädigt. Autos werden unerschwinglich. So erzeugt ein Teufelskreis den nächsten.

Wer allein auf Strom setzt, ob im Verkehr oder beim Heizen, sollte nicht die einzige klimaneutrale Quelle verdammen, die zuverlässig immer Strom erzeugt. Strom kann die Atmosphäre nicht entlasten, wenn er wegen des Atomausstiegs zum großen Teil in Kohlekraftwerken produziert werden muss.

Wer die Energiewende mit Macht und Tempo zum Erfolg führen wollte, müsste heute die modernsten Reaktortypen zur Serienreife entwickeln, Reaktoren, deren Kerne nicht mehr schmelzen können und die weniger strahlenden, verwertbaren Müll hinterlassen.

Wenn für Habeck Atomkraftwerke in der Ukraine »in Ordnung« sind, »solange die Dinger sicher laufen«, sollte auch nichts gegen den Betrieb von Atomkraftwerken in Deutschland sprechen. Die Verbissenheit, mit der jedoch Klimapolitik und Atomausstieg zugleich betrieben werden, spricht für Dilettantismus in Tateinheit mit ideologischer Verblendung.

Mit modernster deutscher Technologie könnte global weit mehr für das Klima bewirkt werden als mit Regulierungen und Verboten hierzulande. Deutschland verschmäht diese Strategie aus ideologischen Gründen. Kohle und Gas werden mehr denn je verstromt, weil Kernkraft verfemt ist. Die Koppelung der Strom- an die Gaspreise führt unweigerlich dazu, dass auch Elektrizität untragbar teuer geworden ist. Deutschland sucht das Heil in Windrädern. Doch nur fünf Prozent der benötigten Energie stammen aus Sonne und Wind, und hinter den Windrädern stehen konventionelle Kraftwerke, die bei Dunkelflaute die Grundlast garantieren. Die Lage verschärft sich mit dem endgültigen Abschalten der letzten AKWs im April 2023.

30 000 Windräder im Norden produzieren nicht nur bei Flaute zu wenig Strom, sondern bei heftigem Wind auch zu viel. Mangels Trassen kann der überschüssige Strom aber nicht in den Süden abfließen. Er wir stattdessen »abgeregelt«, die Windräder stehen dann still. Dennoch wird den Betreibern der nicht produzierte Strom in voller Höhe bezahlt. Die Rechnung für diesen Phantomstrom

wird den Stromkunden über die »Netzentgelte« aufgebrummt – keine geringe Summe, 2021 waren es 807 Millionen Euro.

Zunächst hieß es noch Frieren – für den Frieden und fürs Klima. Das Klima hatte ein Einsehen, Väterchen Frost blieb fern. Da das Gas teuer geworden war, wollten sich viele Hausbesitzer einen Kamin einbauen lassen. Kamine sind ein knappes Gut – und schrecklich klimaschädlich dazu. Noch knapper aber sind Kaminbauer. Sie sind jedoch keineswegs nur wegen der großen Nachfrage nach Kaminen auf Jahre hin ausgebucht, sondern weil neue Emissionsschutzvorschriften die Nachrüstung bereits bestehender Kamine erzwingen.

Bei den Heizungsbauern ist die Lage nicht besser. Die Regierung setzte auch beim Heizen zunächst überwiegend auf Elektrizität, trotz horrender Strompreise, trotz der Lieferengpässe bei Wärmepumpen, trotz fehlender Handwerker. Die sind schon mit Inspektionen und Reparaturen der bestehenden Heizungen überfordert, wären es erst recht mit dem Einbau von jährlich einer halben Million Wärmepumpen.

Wären die bereits vom Kabinett gebilligten Pläne nicht auf eine Wand öffentlicher Empörung geprallt, hätten selbst die Eigentümer von Einfamilienhäusern mit mindestens 30 000 Euro allein für Kauf und Installation einer Wärmepumpe rechnen müssen. Ohnmachtsgefühle kamen auf, Zorn und Verzweiflung kleiner Eigenheimbesitzer und Rentner, die sich ihr Häuschen für ein sorgenfreies Alter zusammengespart hatten, und nun die erdrückende Last der Sanierung fürchteten. Ausgenommen werden sollten – eine hinterhältige Form von Altersrassismus – nur die über Achtzigjährigen. Nur Fossile sollten noch mit fossiler Energie heizen dürfen, und ihre Restlaufzeit wurde mit der Restlaufzeit ihrer Heizung verrechnet. Die Erben können ja das Haus verkaufen, wenn sie die Last nicht tragen wollten. Die Gefahr ist noch nicht vorüber, lediglich die Frist wurde verlängert und die Bedingungen wurden etwas abgeschwächt. Der Staat wird allenfalls die sozial Schwachen unterstützen können – benachteiligt und existenziell gefährdet wird wieder die Mitte der Durchschnittsverdiener.

Über neunzig Prozent der Eigentümergemeinschaften größerer Wohnhäuser haben nicht die Rücklagen, eine Zwangssanierung mit technisch unausgereiften Wärmepumpen zu finanzieren. Der Staat treibt auch die Mieten weiter in die Höhe und verschärft die Wohnungsnot. Er setzt auf Bürokratie und Zwang statt auf Markt und Eigenverantwortung.

Menschenverachtender Irrsinn dieser Art hat in Deutschland derzeit Methode. So zerstört die Regierung die Lebensplanung zahlloser Bürger. Aber darüber sollen sie sich nicht aufregen, wenn sie sich nicht als Klimaschädlinge beschimpfen lassen wollen. Sie können nicht alles haben. Wohnen im eigenen Heim passt sowieso nicht zum transformierten Menschen.

Trotz zunehmender Wohnungsnot ist Klimaterminator Habeck nicht bereit, die Kirche im Dorf zu lassen. Aufwand und Ertrag der Maßnahmenorgie klaffen immer weiter auseinander. Und niemand fällt ihm in den Arm.

Die neue Normalität – Lust am Untergang

Die Verkettung von Krisen ballt sich zu einer einzigen überlebensgroßen Krise. Sie hat sich eingenistet, ist gekommen um zu bleiben. Die Politik hat ihr Aufenthaltsgenehmigung erteilt. Als gäbe es ein Asylrecht für Krisen. Was Krise genannt wird, ist der neue Normalzustand. In gewisser Weise ein Gleichgewicht des Schreckens, verursacht durch schrecklich viele Verfehlungen. Die Berliner Republik steckt nicht in einer Krise, so wie viele andere Länder auch. Sie ist eine Krise.

An der großen Krise laben sich viele: Besserwisser, Moralisten, Idealisten, Ideologen, Bürokraten, Populisten, Gesundbeter, Prediger, Paniker, Hysteriker, das Panoptikum der Volltrottel im öffentlichen und öffentlich-rechtlichen Dienst. Die Diensthabenden auf der Brücke verweisen auf ihre goldenen Streifen an den Ärmeln. Fürchtet euch nicht, wir sind ganz bei uns. Je größer die Krise, für desto unverzichtbarer halten sie sich. »Haltet euch fest!«, sagen sie. Nur woran? Notfallpläne treten in Kraft. Von der Krise überfordert, erklären sie diese für unausweichlich. Mit der großen Krise rechtfertigt das Personal seine Tyrannei über die Passagiere.

»Wir schaffen das«: In der gröbsten der selbst gestrickten Krisen versuchte es Angela Merkel mit diesem Slogan.

Der Satz steht für immer als Menetekel an der Wand. Niemand glaubt mehr an die Macht des guten Willens. Da muss schon noch etwas dazukommen: Verstand, Vernunft, Augenmaß. Wir schaffen die große Krise nicht. Wir machen es uns allenfalls vor.

Die Grünen wollen die große Krise nicht bewältigen. Mit voller Kraft sollen unfreie Gutbürger geschaffen werden und sich an eine neue Lebensform gewöhnen. Das ist für sie der tiefere Sinn der großen Krise.

Es sind die zwei schönsten Sommertage des Jahres 2022, herrlich warm, fast mediterran. Doch scheint etwas Schreckliches vorgefallen zu sein. Die Straßen fast leer, sogar die Münchner Biergärten gähnen in der Mittagsbrise. Hat der Kapitän des Teams Vorsicht schon wieder eine Ausgangssperre verhängt, diesmal wegen mörderischer Außentemperaturen? Darum muss sich Markus Söder diesmal nicht auch noch kümmern. Das Volk hat sich ganz von allein in Sicherheit gebracht.
Die Rauchmelder leicht entflammbarer Wissenschaftler schlagen Alarm, nach den Virologen die Klimaforscher. Der lodernde Bundesgesundheitsminister gibt bekannt: Dieser Sommer ist »lebensgefährlich«. Die Wetterberichte vermeiden das Wort Wärme, selbst Hitze kommt nur noch als »Gluthitze« vor. Zwei hochsommerliche Tage in Folge sind bereits eine »Hitzewelle«. Sie wird mit Bildern von Waldbränden illustriert, die damit gar nichts zu tun haben. Wie bei Corona folgt eine Welle der nächsten. Ein echter Sommer – eine echte Katastrophe. Das Volk ist leicht zu ängstigen. Von den tödlichen Folgen dessen, was nicht mehr Sommer heißen darf, sondern Klimakatastrophe heißen muss, leben Nachrichten- und

Sondersendungen (die Talkshows befinden sich in Sommerfrische). Notfallmediziner geben Tipps und mahnen unmündige Bürger, das Trinken nicht zu vergessen. Unter freiem Himmel breite sich quasi eine Todeszone aus.

Ja, die Sommer sind wärmer geworden, einer der wenigen Gründe, weshalb man es in diesen Breiten unter all den Irren noch aushält. So lange, bis im Herbst wieder alle frieren, aber nicht heizen – für den Frieden oder für das Klima oder für beide. Die Deutschen sind das einzige Volk, das es schafft, gleichzeitig zu verbrennen und zu erfrieren.

Die schöne, neue Normalität hat einiges für sich. In ihr vermeint der grüne Spießbürger den Atem der Geschichte zu verspüren. Ein feines Beben. »Ein kristallenes Zittern« (Enzensberger, Der Untergang der Titanic). Krise prickelt. Krise berauscht. Die große Krise riecht nach Sinn. Man könnte von Transformationssucht sprechen. Sie wäre ein Fall für Psychologen. Kollektiv erfasst sind davon die Grünen. Ihre Politiker glauben, Fortschritt komme nicht ohne Krise aus. Jedenfalls das, was sie für Fortschritt halten.

Der von den Grünen beförderte Niedergang hat nichts mit dem zu tun, was der berühmte Ökonom Joseph Schumpeter »schöpferische Zerstörung« nennt. Jede Innovation komme aus ihr, behauptet er. Daran glaubten die Neoliberalen in ihrer Hochzeit Ende des vergangenen Jahrhunderts. Der legendäre General-Electric-Boss Jack Welsh setzte sein Unternehmen ununterbrochen unter Strom, unterwarf es einer permanenten Umwälzung.

Die Methode versagte, der Dauerstress bekam dem Konzern nicht. Zudem ist es ein Riesenunterschied, ob ein

Unternehmen unter Transformationsdruck gesetzt wird oder eine Gesellschaft, die ihm nicht gewachsen ist, ob er von außen kommt oder von innen. »Es muss sich alles ändern, damit es so bleibt wie es ist«: Der berühmte Satz aus dem Roman *Il Gattopardo* von Giuseppe Tomasi di Lampedusa, gemünzt auf den Wandel eines Gesellschaftssystems, ist ja nicht falsch. Aber wenn es blöd läuft, bleibt nichts, wie es ist.

Über die große Krise wölbt sich die Krise des Krisenmanagements. Überforderung, Unvermögen, Selbstzufriedenheit, Schönfärberei, all das und dazu die neudeutsche Eigenart des Scheißegalismus.

Zugleich ist nicht zu übersehen, dass die traditionelle Sehnsucht nach Führung, von der bis zuletzt Angela Merkel profitierte, einer neuen Angst weicht, der Angst vor dem Versagen der Führung.

In der Demokratie bedeutet Führung nicht, etwas durchzusetzen, sondern etwas zu lösen. Krisen müssen gelöst, Lösungen zur Debatte gestellt werden. Probleme kleinzureden und über sie hinweg zu moderieren, Wähler und Widersacher einzulullen und mit ruhiger Hand im Schoß die Dinge geschehen zu lassen, ist keine Führungskunst. Die Welt ist nicht ganz so schlicht wie manch anmaßender Satz aus dem Mund von Angela Merkel und Olaf Scholz.

Die meisten Deutschen wollen von Politik nicht behelligt werden. Lieber akzeptieren sie, was über ihren Köpfen hinweg ausgehandelt wird.

Nichts ist schneller und zuverlässiger zu vernehmen als der Ruf nach Schluss der Debatte, selbst wenn die noch gar nicht richtig begonnen hat. Zwar ist »klare Kante« durchaus erwünscht, aber wehe, jemand eckt damit an. Eine oder einer an der Spitze muss und soll das Ganze regeln, selbst wenn es sich nicht regeln lässt, weil man sich noch nicht einmal über die Regel verständigt hat.

Eine gern genommene Regel lautet: Folge der Stimmung. Stimmungen sind flüchtig, weil sie Illusionen sind. Nicht alle Illusionen können demoskopisch gemessen werden. Manche Illusion schöpfen die Regierenden aus sich selbst, was die Sache nicht besser macht. Führen müsste bedeuten, die Dissonanz zwischen Wirklichkeit und Illusion zu managen.

Das Einzige, worauf man sich leicht verständigen kann, ist das finanzielle Abfedern von Krisenfolgen. Man überlässt einen Teil der Kosten denen, die noch nichts zu sagen haben, den Steuerzahlern von morgen.

Das große WIR ist schwer in Mode. Beim sogenannten Debattenkonvent der Kanzlerpartei SPD wurde der »Transformationssoli« erfunden. Soli! Soli-darität. Das Wort zergeht zunächst angenehm auf der Zunge. Solidarität gibt es nur freiwillig, ein Soli aber ist purer Zwang. Nach diesem Muster könnte man auch die Fernsehgebühren Soli nennen. Demokratiesoli.
Die Diebesbeute wird als Geschenk deklariert, der Räuber zeigt an der Kasse ein Bittgesuch vor. Die Enteignung tarnt sich als Erleichterung. Soll die SPD, wenn ihr nichts anderes einfällt, Steuererhöhungen fordern, aber bitte die Geschädigten nicht auch noch verhöhnen.
Den bereits bestehenden Soli – offiziell: Zuschlag zur Einkommens- und Körperschaftssteuer – gibt es seit

1991. Damals hatte die Regierung Kohl die Kosten des Aufbaus Ost sträflich unterschätzt, es aber nicht zugegeben. Deshalb behauptete sie zunächst, der Soli sei dem Irakkrieg geschuldet und auf ein Jahr befristet. Erst später wurde er mit dem Finanzbedarf des DDR-Beitritts begründet und besteht bis heute, obwohl es keine einheitsbedingten Extralasten mehr gibt.

Deshalb jetzt der »Transformationssoli«. Was für ein Lügenwort! Wetten, dass die Steuererhöhung noch kommt? Vielleicht unter einer anderen aufgedonnerten Täuschungsfloskel: »Erweiterung des haushälterischen Spielraums«.

Die Realität wird ins Schloss Bellevue und ins Kanzleramt nur noch frisiert eingelassen. »Wenn dieses Jahr ein Gutes hatte, dann doch die Erfahrung: Gemeinsam kommen wir durch diese Zeit« hieß es in der Weihnachtspredigt des Bundespräsidenten. Glaubte der Amtsinhaber wirklich, die Leute nähmen ihm am Ende des Seuchen-, Kriegs- und Mangeljahres 2022 so eine Parole ab? »Und unser Land wächst in der Herausforderung wieder einmal über sich hinaus.« Wie bitte?! Selten ist Zuversicht so grundlos verbreitet worden. Es ist ein Pfeifen im Wald. Sie haben das für Politiker zulässige Maß an Ängstlichkeit weit überschritten. Und glauben, das Volk würde es nicht merken.

Anderen Ländern geht es noch schlechter als Deutschland. Soll das ein Trost sein? Sie sind schwächer. Deutschland bleibt unter seinen Möglichkeiten. Das Argument, Putin sei an allem schuld, zieht auch nicht. Gas wird »einzig und allein deshalb knapp und unbezahlbar, weil Russland es so will – und nicht wegen irgendetwas, das

Scholz, Habeck, Baerbock, die Grünen, die SPD, die Bundesregierung oder irgendein westlicher Staatschef getan, gesagt oder beschlossen haben.« So steht es tatsächlich im woken Amtsblatt *Die Zeit*. Unsinn. Die falsche, riskante, ideologisch motivierte Energiewende hat lange vor Russlands Angriff begonnen.

Wo bleiben die großen Zukunftsdebatten im Parlament? Ausgerechnet dessen Präsidentin, die SPD-Politikerin Bärbel Bas forderte Ende 2022 Schluss der Diskussion um die Kernenergie. Damit schadet sie nicht nur der Energieversorgung, sondern auch der Demokratie.

Das Trilemma der falschen Energiepolitik: Es gibt außer der Atomenergie keine Energiequelle, die alles zugleich wäre: sicher, preiswert und klimafreundlich. Die Regierung muss sich entscheiden, welche der drei Eigenschaften ihr wichtiger und dringlicher ist als die anderen beiden. Was preiswert ist, ist nicht klimafreundlich. Was klimafreundlich ist, ist nicht sicher. Die große Lüge der grünen Wirtschaftspolitik steckt in der Behauptung, sie stehe für »sichere, saubere, bezahlbare« Energie. In dieser vorgetäuschten oder – nicht besser – echten Weltfremdheit steckt der Kern der Krise. In Wahrheit interessieren sich die Grünen nur für ihre Energiewende. Bezahlbare und sichere Energie, das war einmal.
Auf Energiemangel und Teuerung arbeiten die Klima-Fundamentalisten schon lange hin. Mit Putins Krieg haben sie nicht gerechnet, nun kommt er ihnen unverhofft entgegen. Auf den Krieg können sie vieles schieben, auch die selbst verschuldete Krise. Wenn die grüne Vorsitzende Ricarda Lang feststellt, »Die Grünen sind dabei, die neue

Wirtschaftspartei zu werden«, ist das keine Ankündigung, es ist eine schwere Drohung.

Die Bescheidwisser wissen, dass es nicht anders kommen konnte. Fetten Jahren folgten nun einmal magere, glauben sie zu wissen. So ist es halt: Imperien steigen auf und fallen: Venedig. Genua. Amsterdam. Jetzt also der Exportweltmeister, vielleicht das ganze Abendland, der Westen? Es ist der Lauf der Zeit.

Die fetten Jahre hätten die Bundesbürger angeblich verwöhnt, behaupten die Defätisten. Sie finden, es sei wie es sei, also nicht zu ändern, es werde noch schlimmer kommen. Das hätten die Wohlstandskonsumbürger nun davon, dass sie sich satt und matt ans Gewohnte klammern, an den Sozialstaat, an die Danieldüsentriebhaftigkeit ihres Mittelstands, an die Segnungen der deutschen Sekundärtugenden, Fleiß, Disziplin, Ordnungsliebe, Zuverlässigkeit.

Die Jüngeren sollten sich keine Hoffnungen machen, wenn es denn stimmt, dass die fetten Jahrzehnte Geschichte sind. Sie erben Werte, die nicht mehr viel zählen, und einen Berg Schulden. Warum dann noch den Alten nacheifern? Leistung wird sich nicht mehr lohnen, spüren die Jüngeren. Sie glauben nicht mehr an Wachstum, hoffen nicht auf morgen, sondern versöhnen sich mit dem Heute. Work-Life-Balance regelt den Ehrgeiz herunter.

Wer garantiert, dass es so kommt? Es liegt doch immer noch in ihrer Hand. Sie müssten nur aufstehen statt sich ergeben. Es steht aber niemand auf. Es klebt nur eine kleine, radikale Minderheit fest an ihrer Dekadenz.

Zum Apokalyptiker wird, wem es an Maß und Mitte mangelt. Apokalyptiker sind Alarmisten. Ein Dritter

Weltkrieg um knappe Ressourcen bricht aus. Europa hat der chinesischen Weltherrschaft nichts entgegenzusetzen. Abermillionen Afrikaner überrennen »Westasien«. Demokratie? Nur noch Folklore. Beklagt euch nicht, sondern tut Buße! Falls dafür noch Zeit bleibt. Alarmismus ist so vernünftig wie Selbstmord aus Angst vor dem Tod.

Der Krisenmodus hat auch den Kapitalismus erfasst. Maßlos reiche Philanthropen wie Bill Gates und George Soros investieren in die Klimaindustrie und finanzieren NGOs. Ablasshandel? Selbstverachtung? Schlechtes Gewissen? Oder doch scheinheilig-hemmungslose Profitsucht? Warum biedern sie sich den Woken an? Rechnen sie gar damit, der Sturmwind der Kulturrevolution und der grüne Bolschewismus werde sie verschonen?
In verwirrten Köpfen verursachen sie jedenfalls Verschwörungstheorien: »The Great Reset« etwa, die auf dem Davoser Gipfeltreffen von ihrem Organisator Klaus Schwab propagierte Initiative des Weltwirtschaftsforums. Nein, kein geheimer Plan, ganz offensichtliche Dummheit.

Die Gesellschaft steht nicht zum ersten Mal am Scheideweg, sucht nach Orientierung, bewegt sich im Nebel stochernd im Kreis, träumt vom Gelobten Land, sehnt sich nach einem Moses. Weiß nicht, wem sie folgen soll, den Ratten oder den Rattenfängern.

Wieder fallen die Deutschen auf große Parolen herein und gehen seltsame Sonderwege. Nach zwei Weltkriegen schien (zunächst im Westen) der Ausbruch aus dem Teufelskreis gelungen zu sein. Doch erneut packt Größenwahn in Tateinheit mit Kleinmut die Deutschen. Die

Gründung der Berliner Republik brachte einen gewaltigen neuen Schub an Rausch und Hysterie, Selbstüberschätzung und Selbstüberforderung.

Das Bedürfnis nach Ordnung ist den Deutschen auch in der großen Krise nicht vergangen. Die große Transformation ist nichts anderes als das Versprechen einer neuen Ordnung.

Der ordnungsliebende Deutsche wünscht sich nichts mehr, als dass alles seine Ordnung hat. Insofern irrt das Lied der Deutschen: Einigkeit und Recht und Freiheit. Wahrheitsgemäß müsste es Einigkeit und Recht und Ordnung heißen. Nichts behagt den Deutschen weniger als das Ungewisse, Unvorhersehbare. Vermeintlich kalkulierbare Risiken dagegen gehen sie unbedenklich ein, immer in der Illusion, sich dagegen ordnungsgemäß versichern zu können. In der Ungewissheit, vor der sie sich ängstigen, wissen sie aber nicht einmal, wovor sie Angst haben sollen und wogegen versichern. Gegen das Unvorhersehbare hilft nichts – außer eben ein Grundvertrauen, über allem walte eine gewisse Ordnung.

Der verwaltete Mensch ist geradezu ein Synonym für das deutsche Wesen. Verwalten kommt von Walten, einem schönen alten Wort für Herrschen. Deutschland wird nicht beherrscht, es wird verwaltet. Die Deutschen verwalten alles, selbst die Zeitenwende, die Zukunft, und ihre Zuversicht verwalten sie auch. Sie haben in finsterer Zeit sogar den Tod zu verwalten versucht. Heute verwalten sie nur den Abstieg. Verwaltet werden aber muss er.

Ordnung schützt nicht vor Chaos und schon gar nicht vor Inkompetenz von Politikern. Dass in diesem Land alles seine Ordnung hat, ist das Letzte, worauf seine Bürger stolz sein sollten, bevor es zur Hölle fährt.

Hinter der Ordnungsliebe steckt mithin tiefe Angst. Um nicht zu verzweifeln, glauben die Deutschen auch in Zeiten der Umwälzung an deren Regulierbarkeit. Ihr Seelenfriede haust in der sich selbst verordneten und eingebildeten Ordnung. Lieber eine trügerische als gar keine Ordnung. Lieber ein schlechter Staat als ein schwacher. Damit fängt das Verhängnis an.

Die Sehnsucht nach Ordnung entspricht dem Wunsch nach Harmonie. Harmoniebedürfnis eint die Deutschen mehr als alles andere – ein unpolitisches, irrationales Bedürfnis nach Balance. Je mehr es an innerer Balance fehlt, desto größer das nach der Balance der äußeren Verhältnisse.

Das Land aber ist aus dem Gleichgewicht. Nicht nur das eigene Land. Wenn die ganze Welt in Unordnung geraten ist, hilft die alte Ordnung nicht weiter. Sie kommt nicht wieder, um keinen Preis. Zu glauben, mit Hilfe der großen Transformation ließe sich zuverlässig eine neue Ordnung, also gewissermaßen alte Verhältnisse herstellen (z. B. die Temperatur der Atmosphäre zurückdrehen), ist reaktionär.

Die Deutschen halten ihre Regulierungswut für die Voraussetzung von Ordnung – und Ordnung für den natürlichen Zustand der Dinge. Das ist ein Irrtum. Ordnung ist immer gemacht.

Außerdem ist Ordnung nicht einmal das halbe Leben, wenn Tatkraft und Führungsstärke an einer wuchernden Verhinderungs-Bürokratie scheitern. Von der Steuer- über die Bau- bis zur Beschaffungsbürokratie der Bundeswehr, vom Kontroll- und Dokumentationszwang an Schulen und im Gesundheitswesen bis zur neuen Heizungsbürokratie, die ab 2024 die kleinsten Details der Wärmeversorgung regelt, legt sich das System lähmend über das Land. Bürokratie ist als Machtinstrument im Sozialismus berüchtigt. Der grüne Sozialismus macht ihn sich ebenfalls zunutze. Deshalb sind alle Entbürokratisierungs-Beteuerungen Täuschung. Bürokratie wird in Deutschland zunehmend als Unterdrückungsmechanismus missbraucht, wobei alles vollkommen legal zugeht.

Die Deutschen unterscheiden nicht zwischen legal und legitim – das ist ihr Problem. Wenn das Legale erkennbar illegitim ist, ist es Zeit, sich zu widersetzen. Dann wird auch illegales Handeln gegen den übergriffigen Staat legitim.

II.
Das haben wir nicht verdient: Die große Deformation

»Ohne Pflicht ging's nicht, wie ja die deutsche Grundauffassung vom Leben in der ›Anbetung des Unangenehmen‹ bestand. Sie waren, mit einem Wort, echte Schafe im Schafspelz. Da sie aber selbst dies krampfhaft waren, glaubte es ihnen niemand, und man hielt sie für Wölfe.«

Franz Werfel, Stern der Ungeborenen

Die Klimamacher und die Liebe zur Ideologie

Der Generation, die die Bonner Republik aufbaute, wäre das nicht passiert. Sie hatte den Krieg überlebt, die Folgen der eigenen Verblendung erfahren. Danach war sie imprägniert von Nüchternheit. »Die skeptische Generation« nannte der Soziologe Helmut Schelsky 1957 sein Standardwerk über die Generation, die von Ideologie die Nase voll hatte, nicht nur von der braunen.

Die Nazidiktatur wird »verarbeitet«, die Frage nach Schuld und Sühne gestellt. Bis sie halbwegs beantwortet ist, vergehen Jahrzehnte. »Nie wieder«, lautet das Mantra. Als verspätete und deshalb umso überzogenere Verachtung für ein zu preußischem Stechschritt gedrilltes Volk kommt in den Sechzigerjahren ein Generationenkonflikt, wie es ihn so gewaltig nie zuvor gegeben hat. Nur erweisen sich die »Achtundsechziger« ebenfalls als verführbar und geben sich linkstotalitären Ideologien hin.

Heute wird wieder ein Generationenkonflikt ausgetragen. Eltern und Großeltern haben angeblich die Erderwärmung auf dem Gewissen und gefährden die Zukunft des Planeten. Wieder steigern sich die selbstgerechten Rebellen in eine ideologisch verbohrte Feindschaft gegen die Marktwirtschaft. Damals wie heute verdanken sie der Lebensweise ihrer Eltern, dass sie sich der schicken Rebellion widmen können. Sie haben ja nun sonst keine anderen Sorgen als – das Wort gab es damals noch nicht – »Klimagerechtigkeit«.

Die Erben der Achtundsechziger sind zudem entflammt von Kulturrevolution. Einst ging es um den Vietnamkrieg und um die Befreiung der Sexualität. Heute sind es andere Stichworte, aber die antiwestliche Richtung ist dieselbe. Antikolonialismus, Gendertheorie, Wokeness, Cancel Culture. Der Ungeist spricht englisch, was beweist, das er im Westen selbst haust. Missratene Abkömmlinge, Plagen der Aufklärung.

Hatten die skeptische Generation und auch noch die Achtundsechziger jeweils auf ihre Weise versucht, aus der Geschichte Konsequenzen zu ziehen, können und wollen die Heutigen aus der Geschichte nicht mehr lernen. Sie haben die Bonner Republik nicht mehr bewusst erlebt, die sie ahnungslos für eine selbstvergessene, umweltschädliche, kapitalistische Wachstumsmaschine halten. Den ererbten Wohlstand nehmen sie als Selbstverständlichkeit. Dankbarkeit für die Aufbauleistung ist von ihnen so wenig zu erwarten wie eine gewisse Bewunderung und Achtung für die Errungenschaften der westlichen Zivilisation. Neue Heilsversprechen fallen auf fruchtbareren Boden. Wieder einmal fehlt Deutschen die Skepsis gegenüber falschen Idealen und Parolen.

Selbst wenn sie keine Ideologen sind, sind die Deutschen immer noch Idealisten, schnell bereit, die Wirklichkeit nicht zu sehen, wie sie ist, sondern wie sie sein sollte. Idealisten sind für Ideologien empfänglich. Im Unterschied zur Ideologie geniest Idealismus einen guten Ruf, gilt als edel und romantisch.

Der historische Idealismus reagierte auf die erste industrielle Revolution: Maschinenarbeit, Massenelend, Ausbeutung. Karl Marx und Friedrich Engels waren nicht nur Ideologen, sondern auch Idealisten. Ihr Idol Georg Wilhelm Friedrich Hegel, schwäbelnder Staatsphilosoph des protestantischen Preußen, erklärte den Staat zur unfehlbaren moralischen Autorität. Im Gegensatz zur liberalen angelsächsischen Demokratie steht Staatstreue in Deutschland in höherem Ansehen als Freiheitsliebe, zählt das Kollektiv mehr als das Individuum. Das ICH als höchste Instanz stößt auf Argwohn.

Auch die Achtundsechziger, die so sehr von Selbstverwirklichung schwärmten, verstanden sich als Kollektiv, wählten kommunistische Tyrannen als Idole, Lenin, Mao, Ho Chi Minh und Fidel Castro. Wie passten kollektivistische Ideologie und Selbstverwirklichung zusammen? Es ging weniger um Glaubensfestigkeit als um Provokation der verachteten Bürger.

Irrtümlich glaubten die Achtundsechziger, sie könnten die Arbeiterklasse hinter sich versammeln. Die Klimafanatiker dagegen wollen die Arbeiter nicht befreien, sondern für ihren »ökologischen Fußabdruck« bestrafen. Sie setzen auf die satte Mitte. Auch das könnte sich als Täuschung erweisen. Je stärker der Wohlstand schrumpft, desto klarer wird dem Mittelstand, dass er die Zeche bezahlen soll.

Da die Diktatur des Proletariats scheiterte, muss die Revolution neu und besser begründet werden. Klassenkampf verfängt nicht mehr. Klimakampf aber macht die Weltrevolution wieder attraktiv. Die ergrünte Linke zieht in den Klimakrieg, schwafelt etwas von »Klimagerechtigkeit« und glaubt an den Sieg des grünen Kommunismus. Marschierten die roten Roten noch optimistisch unter der Flagge des Fortschritts, bekämpfen die pessimistischen grünen Roten den wissenschaftlich-technologischen Fortschritt. Einst folgte die APO wenigstens noch einer gesellschaftlichen Utopie. Die Klimaextremisten haben das Gegenteil zu bieten: die Dystopie vom Weltuntergang.

Der Gläubige wird an seiner Frömmigkeit gemessen, nicht am Erfolg seines Tuns, an seiner Glaubensstärke, nicht an seiner Vernunft. Fürchteten Glaubensfanatiker noch die Hölle, fürchten die *Last Generation* und andere Gruppen, die letzten ihrer Gattung zu sein. Deshalb phantasieren sie sich ihre eigene Hölle zusammen, eine Hölle auf Erden. Dürre, Hunger, Seuchen, Krieg um Wasser und Nahrung, Flüchtlingsströme. Die eigenen Ängste drängen sie allen anderen auf. Es ist eine Weltuntergangssekte, auf bestem Wege zur Staatsreligion erhoben zu werden.
Stellen wir uns vor, im Bundestag und im Kabinett würde aus dem Wachturm der Zeugen Jehovas zitiert und deren Vertreter säßen fortwährend in den einschlägigen Talkshows sowie »wissenschaftlichen« Beratungsgremien. Nicht viel anders sind die Zustände in der Klimarepublik Deutschland.

Heilsversprechen begründen weltliche Diktaturen. Heilslehren vertragen sich nicht mit Freiheit. Sie dringen in alle Lebensbereiche ein, Ernährung, Mobilität, Wohnen. Während Religionen das Heil im Jenseits versprechen, fordert die Klimareligion das Heil im Diesseits.
Je satter und betreuter Bürger sind, desto bereitwilliger schließen sie sich der Heilslehre an. Es ist eine Mischung aus Passion und Anpassung. Staatsdiener, Intellektuelle, Funktionäre, subventionierte »Kulturarbeiter«: Das komplette Juste Milieu hat, glaubt es, wenig zu befürchten. Hauptsache, die richtige Gesinnung. Zumal sie sich

als karrierefördernd erweist. Jede Kritik an ihr kann dagegen Karrieren zerstören.

**Zwischen Selbstüberschätzung und Hoffnungslosig-
keit** schwankend, leiden Klimajünger nicht nur an ideologischer Verblendung, sondern auch an einer bipolaren
Störung. Manisch ist ihre größenwahnsinnige Vorstellung, mit begrenzten Mitteln das Weltklima regulieren zu
wollen, depressiv der Defätismus, mit dem sie die
Menschheit ins Verderben rennen sehen.
Klimarebellen sehen in Menschen vor allem Schädlinge.
Ihr Enthusiasmus ist inhuman; er setzt keine Energie frei,
sondern vernichtet Energie.

Die sich in Weltmüdigkeit Aalenden sind dekadent.
Das unterscheidet sie von der rebellischen Jugend der
frühen Bonner Republik. Die kämpfte alles in allem für
eine liberale Durchlüftung der Gesellschaft. Heute verbreiten sie bloß Hysterie. Die letzten Tage der Menschheit, von denen sie quatschen, können nur ein Sieg der
Dummheit sein.

Der Klima-Klerus will die Menschen umerziehen.
Deshalb strebt er nach totaler Kontrolle über sie. Wer die
Welt retten zu müssen glaubt, kann keine Rücksicht auf
so etwas wie Demokratie nehmen. Er beansprucht nicht
nur die absolute Wahrheit, sondern auch die totale
Macht.

**Die Klimasekte sieht ein einziges Menschheitspro-
blem** und ignoriert alle anderen: Armut, Hunger, Krieg,
Existenzängste. Wer nichts anderes im Kopf hat als die
Erwärmung der Welt, verachtet Menschen, deren Ängste

sich um so etwas Schnödes wie Geld oder Arbeit oder Wohnung drehen.

Die vorherrschende Doktrin geht so: Wenn das Klima zuschlägt, gebe es nicht mehr viel zu verteidigen, nicht den Wohlstand, nicht den Frieden, nicht die Freiheit. Dann komme die Megakatastrophe mit allem, was dazu gehört: Dürre, Überschwemmungen, Armutsflüchtlingsströme, Krieg um Wasser und Nahrung. Dann brenne die Welt und niemand brauche sich um die Demokratie noch Sorgen zu machen – es gebe sie nicht mehr. Deshalb sei radikaler »Klimaschutz« der einzig mögliche Ausweg. Eine aus freien Stücken gewählte Ökodiktatur als Rettung. Denn wer gegen das Diktat der Ökologie sei, riskiere eine noch viel schlimmere Diktatur. Ganz abgesehen von der Moral.

So die Logik der grünen Apokalyptiker. Sie gehen von einem wissenschaftlich nicht haltbaren Szenario aus. Erstens: Es komme tatsächlich so schlimm, wie sie glauben, aber nicht wissen. Zweitens: Das Schlimme lasse sich nach deutschem Reinheitsgebot pünktlich verhindern. Größenwahn und Hysterie vereinigen sich.

Die Vernünftigen leugnen nicht den Klimawandel. Sie leugnen nur die Alternativlosigkeit der radikalen Maßnahmen. Die Energiewende kann nur gelingen, wenn sich die Überlegenheit neuer Technologien ungehindert durchsetzt. Bessere Verbrenner in Indien würden mehr schaffen als alle Windräder in Deutschland zusammen. Die technologischen Möglichkeiten – von der Fusionsenergie bis zur Künstlichen Intelligenz – werden nicht genutzt. Zwang ist kontraproduktiv. Schutz vor den Folgen des Klimawandels ist möglich. Auch gegen das Grundproblem von allem, die Überbevölkerung, hilft nur Entwicklung. Mit dem Heben des Wohlstands könnte schon gegen Mitte des Jahrhunderts die Menschheit ein Maximum von 8,5 Milliarden Lebewesen erreichen und danach abnehmen – bisher ging man von mehr als 10 Milliarden Menschen gegen 2080 aus.

Der Glaube, die Erwärmung der Welt wie mit einem Thermostat begrenzen zu können, leugnet die physikalische Realität ebenso wie die ökonomische. Der Grundkonflikt zwischen Ökologie und Ökonomie ist in diesem Fall nicht auflösbar. An ihre vollkommene Versöhnung zu glauben ist ein hartnäckiger Irrtum. Die Politik träumt sich die Welt schön. Die fundamentalen grünen Ängste kollidieren mit ebenso fundamentalen Ängsten vor Wohlstandsverlust und Energiemangel. Das will niemand zugeben.

Der Konfliktforscher und Philosoph Armen Avenessian wirft den Klimamachern deshalb Konfliktflucht vor. Die Grünen hätten sich für das Klima und gegen die Interessen der Menschen entschieden. Politik müsse aber die Konflikte sichtbar und begreifbar machen, statt sie zu verleugnen. Schaffe sie das nicht, schürten sie nur noch mehr Konflikte und das Vertrauen in die Demokratie würde verloren gehen (Interview in *Welt,* 11.11.22). Die Radikalen gehen deshalb davon aus, dass sie ihr Ziel nicht allein mit demokratischen Mitteln durchsetzen können. Doch in der öffentlichen Debatte leugnen sie die gravierenden Folgen ihrer rein dogmatischen Politik. Sie sind nicht fähig zum Kompromiss, obwohl sie dauernd von Versöhnung schwadronieren. Sie stoßen auf einen Gegner, der ebenfalls weiß, dass es in diesem Kampf Grenzen für Kompromisse gibt.

Was die Klimaradikalen an die Wand malen, geben nicht einmal die Sachstandsberichte des UN-Klimarats her. Selbst im bedrohlichsten Szenario wird es der Menschheit am Ende des Jahrhunderts nicht schlechter gehen als heute. Die Erwärmung hat nicht nur Nachteile. Die Erde wird insgesamt fruchtbarer, auch wenn in vielen Gegenden die Dürre zunimmt. Unter dem Strich führt die Erwärmung zu weniger Armut und Hunger. Es sterben noch immer mehr Menschen an Kälte als an Hitze. »Die Erwärmung sollte nicht als Krise bezeichnet werden«, schreibt einer der renommiertesten Klimaforscher, der Schwede Lennart Bengtsson, durchaus kein »Klimaleugner«. Die europäischen Klimaziele sind seiner Ansicht nach zu ehrgeizig und technisch nicht realisierbar. Es sei zu wenig über Anpassung an die Erwärmung die Rede und zu viel über Eindämmung.

Doch eine offene Debatte findet übers Klima so wenig statt wie über Corona. Wer an der Apokalypse zweifelt, ist einfach bloß rechts. Die Flutkatastrophe an der Ahr etwa wird allgemein und in allen Medien als Menetekel gesehen und zu einer Folge des Klimawandels erklärt. In Wahrheit gehen die Opfer auf das Konto von Ministerien und Behörden, die in der Katastrophe versagten und das Ahrtal auf das Vorhersehbare nicht vorbereiteten.

Die apokalyptischen Reiter sind ins Parlament gewählt worden. Es ist bequemer, das politische Feld den Panikmachern zu überlassen als den Skeptikern. Als Apokalyptiker finden auch Wissenschaftler mehr Gehör. Wissenschaft dient dann aber nicht der Erkenntnis, sondern politischen Zwecken. Deshalb lässt die »Klimakatastrophe« viele Wissenschaftler schweigen. So war das auch bei Covid.

Die Welt kann nicht von Apokalyptikern gerettet werden. Es würde schon genügen, die Welt vor den Apokalyptikern zu retten.

Klimapolitik verändert weniger das Klima als das Bewusstsein der Bürger. Das ist erwünscht, denn das erste Ziel der grünen Ideologie ist die große Transformation. Zivilisationswandel geht vor Klimawandel.

Die bürgerlichen Parteien unterscheiden sich in dieser Hinsicht von den rot-grünen nur durch den Mangel an Glaubensfestigkeit. Entweder koalieren sie bereits mit den Grünen (FDP) oder streben es an (CDU/CSU). Auch bürgerliche Politik nimmt nicht Maß an den Interessen der Mehrheit, sondern an Stimmungen. Stimmungen lassen sich emotional beeinflussen, Interessen leiten sich aus Fakten ab.
Von grüner Ideologie angefixt war Angela Merkel. Auf beide, auf Merkel wie auf die grüne Doktrin hereingefallen zu sein, ist die historische Schuld des bürgerlichen Lagers. Verstanden hat es das bis heute nicht.
Die Bewahrung der Schöpfung ist ein urkonservatives, christliches Anliegen. Aber selbst viele Konservative wollen nicht erkennen, dass die Grünen weniger bewahren als zerstören – und zwar die Grundlagen der prosperierenden, freiheitlichen Gesellschaft.

Auch ohne Klimawandel wäre die Menschheit in absehbarer Zeit unabhängig von fossilen Brennstoffen. Eine Energiewende hätte sich von allein ergeben, nicht so rasch, aber dafür effizient und ohne Wohlstandsverlust. Mit Hilfe von Wasserstoff, Erdwärme und Fusionsenergie. Der technologische Fortschritt wäre unaufhaltsam, würde man ihn nicht regulierend behindern. Statt dessen werden Natur und Landschaft zerstörende Windradwälder aufgeforstet. Grüne Technologiefeindlichkeit lähmt die Energiewende.

Entschieden wird die Zukunft der Menschheit nicht von der Klimasekte, sondern von Milliarden Menschen in Asien, Südamerika und Afrika. Wer arm ist, kann sich »Klimagerechtigkeit« nicht leisten.
Doch die selbst ernannte Klima-Elite des globalen Nordens maßt sich an, für den globalen Süden zu sprechen. NGOs verlangen von afrikanischen Staaten wie dem Senegal, auf die Erschließung von Erdgas- und Erdölvorkommen zu verzichten. Es ist nicht zu übersehen, wie neokolonialistisch sie sich verhalten.
Das stärkste Bevölkerungswachstum ist in Afrika zu erwarten, bis 2050 wird sich die Zahl der Afrikaner auf 2,5 Milliarden verdoppeln. Dies wird den Energiebedarf massiv erhöhen. Schon heute konkurrieren die wohlhabenden Länder auf dem Weltmarkt gegen die armen. Auf der Weltklimakonferenz in Ägypten haben sich 479 Klimaschutzorganisationen gegen die Kernenergie verschworen. Sie erschweren damit die Bekämpfung der Armut.

Die Sprachideologen, die »Klimaterroristen« zum Unwort des Jahres erklärt haben, wissen, warum sie damit die Debatte beeinflussen wollen. Ein naheliegender Verdacht soll verboten werden. Bis zum grünen Terror ist es aber womöglich nur noch ein kleiner Schritt. Den Regensburger Extremismusforscher Prof. Dr. Alexander Straßner erinnern die Aktionen von *Extinction Rebellion, Ende Gelände* oder *Last Generation* an die Anfänge der Terrororganisation RAF (Rote-Armee-Fraktion), die von

1970 bis 1993 wütete. Die Baader-Meinhof-Bande fiel damals nicht vom Himmel, sondern radikalisierte sich aus der studentischen APO heraus. Als ihr die Proteste nicht mehr genügten, verfolgten sie ihre Ziele auf andere Weise. Ein Teil von ihnen machte sich auf den erfolgreichen Marsch durch die Institutionen. Eine kleine Minderheit wurde militant.

Mit einer weiteren Radikalisierung ist zu rechnen. Für die Gruppe der militanten Klima- und Umweltschützer sind Blockaden von Straßen und Flughäfen, die Angriffe auf Museen und Parteibüros nur der Anfang. Dem militärischen Arm der Bewegung steht der zivile Arm gegenüber. Der Marsch in Schlüsselpositionen des Regierungs- und Parteiapparats sowie der Zivilgesellschaft verläuft erfolgreich.

Es begann auch damals mit Gewalt gegen Sachen. Die nächste Stufe war das Abtauchen krimineller »Aktivisten« – ein verharmlosender Begriff, der damals noch nicht üblich war – in die Illegalität. Sie reagierten auf Festnahmeversuche mit bewaffnetem Widerstand. Erste Todesopfer auf beiden Seiten, Brandstiftungen, Banküberfälle, Bombenanschläge gegen Polizei, Justiz, Militär und Medien. Es folgten Geiselnahmen und Mordanschläge auf Repräsentanten der Wirtschaft und des verhassten Systems. Da sind auch Unterschiede. Die Verbrechen der RAF konnten nur mithilfe von Sympathisanten begangen werden. Klimaextremisten verfügen über eine wesentlich breitere Zustimmung in der Bevölkerung als die RAF. Das macht sie als Feinde der freiheitlichen Gesellschaft gefährlicher. Mit dem Rückhalt von Kirchen, Parteien, NGOs und einem saturierten Bürgertum tauchen sie ein in den Strom der Achtsamen, Besorgten und Versorgten, die die anschwellende Gewaltbereitschaft mit Sympathie begleiten. Die Sympathisantenszene umfasst auch Journalisten und Politiker. Finanziert werden die Klimakleber von Stiftungen, die Gehalt bezahlen und Geldstrafen übernehmen. Aktivisten der *Last Generation* erklärten schriftlich ihre Bereitschaft, in den Knast gehen zu wollen und Todesopfer als Folge von Verkehrsblockaden in Kauf zu nehmen. Allein in Berlin sind an die 500 Personen an den Aktionen direkt und indirekt beteiligt.

Ein weiterer Unterschied ist die heutige Milde des Staates, der dazu neigt, die Gefahr des Umweltterrorismus zu unterschätzen.

Wie sich die RAF als Teil einer internationalen anti-imperialistischen Bewegung verstand und mit Palästinensern, Guerillagruppen in Südamerika und den italienischen *Brigate Rosse* kooperierte, ist auch die extremistische Klimaszene international vernetzt. Der blinde Eifer, mit dem sie die westliche Zivilisation bekämpft, steht dem der Terrorszene nicht nach.

Manche »Naturschützer« träumen offen von einer Ökodiktatur. *PETA* (*People for the Ethical Treatment of Animals*), mit mehr als fünf Millionen Unterstützern die weltweit größte Tierrechtsorganisation, fordert ernsthaft ein Sex-Verbot für Fleisch essende Männer. Klingt komisch, ist aber keine Satire. Terroristen jedweder Gesinnung sind von Menschenhass erfüllt.

Über eine weitere Radikalisierung, etwa über Angriffe auf Politiker, wird bisher nur im Internet diskutiert. Noch sind die Führungsfiguren nicht zu erkennen, um die sich wie einst um Andreas Baader, Gudrun Ensslin, Ulrike Meinhof und Horst Mahler eine neue Grüne Armee Fraktion bilden könnte. Es ist aber nicht auszuschließen, dass man sie in der einen oder anderen Talkshow schon gesehen hat.

Moral und Moralismus

Erst erhitzen die Wohlstandsbürger ihr Klima, dann schaffen sie es nicht, es auf Kommando herunterzukühlen. So entsteht doppeltes Schuldbewusstsein – und ein doppelter Grund zu büßen. Die Überzeugung wächst, nicht am eigenen Versagen zu leiden, sondern für höhere Zwecke. Im Büßerhemd gefallen sich die Deutschen am besten.

Ein moralischer Masochist ist nach Auffassung von Sigmund Freud ein Mensch, dessen Ich das Bedürfnis hat, von seinem sadistischen Über-Ich, will heißen von seinen als moralische Autorität verinnerlichten Eltern, bestraft zu werden.

Was hat das mit der kollektiven Psyche der Deutschen zu tun? Sie haben es in diesem Fall nicht mit ihren leiblichen Eltern zu tun, sondern mit höheren Eltern, mit Vater Staat und Mutter Natur. Staat und Natur sind das Über-Ich, das die Deutschen über alles verehren und dem sie sich hingebungsvoll unterwerfen. Entsprechend gibt es nicht nur sexuell motivierte, sondern auch moralisch bewegte Masochisten. Sie haben das Bedürfnis, gedemütigt zu werden, und beziehen daraus Lustgefühle.

Die vom moralischen Masochismus der Grünen erfassten Deutschen begrüßen alles, was ihnen Vater Staat im Namen von Mutter Natur (Klima, Covid) zumutet. Sie empfinden durch Buße ein hohes Maß an Befriedigung.

Sie leiden an Autoaggression. Je schärfer der Schmerz, desto beglückender die Triebbefriedigung. Je autoritärer das Über-Ich, desto größer das Verlangen nach Bestrafung.

Wo Moral ist, ist Doppelmoral nicht weit. Besonders in der Politik. Doppelmoral – ein anderes Wort für Moralismus.

Die Bußfertigen nicken betroffen mit den Köpfen, wenn UN-Generalsekretär Guterres von der »Massenvernichtungswaffe Mensch« schwafelt. Ist das der perverse Clou der Evolution? Es ist genau umgekehrt. Man kann dem modernen Menschen Verantwortungsgefühl für das, was einmal Schöpfung genannt wurde, nicht absprechen. Die These vom Selbstzerstörungstrieb des Menschen ist absurd.

Die Lust zu Selbstgeißelung und Einkehr treibt ein Milliardengeschäft. Kaum ein Produkt, das nicht mit grünem Credo vermarktet wird, und sei es auch nur aus Gründen des »Greenwashing«. Ein Hauptzweck von Verpackung scheint inzwischen zu sein, grünen Siegeln, Zurechtweisungen und Bekenntnissen Raum zu geben. Auf der Wasserflasche, die zufällig neben mir steht, heißt es: »Diese Flasche besteht aus alten Flaschen und ist durch kluge Kompensation klimaneutral. Du willst mehr fürs Klima machen? Gönn' dir mal'n Leitungswasser. Spenden und Mitmachen.« Selbst stilles Wasser gibt es also nur noch ganz laut. Unentwegt wird der Verbraucher mit moralischen Prämissen behelligt und bedrängt, als wäre er ein Kind. Auch die Werbung schwimmt opportunistisch im Mainstream.

Als Verbraucher ist der Mensch leichter zu führen denn als mündiger Bürger. Wer weiß, was diese Massenvernichtungswaffen alles anrichten, wenn man nicht auf sie aufpasst, statt ihnen den Gebrauch des eigenen Verstandes zuzumuten. Moralisten misstrauen der Freiheit der anderen. Nur sich selbst misstrauen sie nicht.

Am Anfang war nicht die Moral, sondern der Gehorsam. Adam und Eva verstießen gegen Gottes Verbot, weil sie noch keine Angst kannten. Ohne Angst keine Moral. Angst macht eng, unfrei, unflexibel. Je größer die Angst, desto unverhältnismäßiger die moralischen Ansprüche. Moral steigert sich durch Angst zum Moralismus.

Gegen die Klimaangst könnte Vertrauen in den technischen Fortschritt helfen. Doch viele Menschen haben das Vertrauen in den Fortschritt verloren, sie wissen nicht einmal mehr, was Fortschritt ist. Mal sehen sie im wissenschaftlich-technischen Fortschritt das, was die Menschheit an den Rand des Abgrunds geführt hat. Ein anderes Mal sehen sie in ihm den einzigen Ausweg.
Moralisch geboten wäre es, nach den Maßstäben der praktischen Vernunft zu handeln. Die deutsche Energiepolitik ist aber weder vernünftig noch praktisch. Gewiss darf Politik nicht unmoralisch sein, sonst mündet sie in Despotie. Aber sie muss auch pragmatisch und realistisch sein, sonst verfehlt sie ihre Ziele.
Würde man nicht Täter und Opfer sehen, sondern vor allem Interessen, stieße der Moralismus ins Leere.

Woher kommt der abstruse Moralismus der Deutschen – etwa gegenüber dem kleinen Katar, dem Gastgeber der Fußball-WM 2022? Es muss etwas mit der bitteren Erkenntnis zu tun haben, dass es mit anderen Qualitäten, mit Effizienz und Können nicht mehr weit her ist. Da die Deutschen auf anderen Gebieten versagen, bleibt nur die vermeintliche moralische Überlegenheit übrig. Mit moralischer Überheblichkeit kompensieren die Deutschen ihre Schwächen.

Sind Moralisten unmoralisch? Wie heißt es so schön in einer Zeile des Satirikers F. W. Bernstein: »Die schärfsten Kritiker der Elche / waren früher selber welche.«

Moralismus ist Moral ohne Freiheit. Wenn Fortschrittsoptimismus schwindet, hat der Mensch vor nichts mehr Angst als vor Freiheit. Er verliert das Grundvertrauen zu sich selbst und ängstigt sich vor dem einzigen Mittel, dass ihn von seinen Ängsten befreien könnte. Das aber ist der tiefere Sinn von Freiheit: Befreiung von der eigenen Angst. Moral und Freiheit bedingen einander. Diese Erkenntnis verdanken wir der Aufklärung.

Die Aufklärung wird gerade gecancelt. Man hängt ihr ein kolonialistisches Mäntelchen um. Dass sich jeder seines eigenen Verstandes bedienen darf, ist nicht mehr vorgesehen.
Wird Aufklärung gecancelt, wird das Fundament der europäischen Kultur gecancelt. Kein Wunder, dass Bildung, Wissenschaft, Öffentlichkeit in der Krise stecken. Wie aber soll sich der Mensch ohne sie am eigenen Schopf aus dem Sumpf ziehen? Wieder ein Teufelskreis.

Die Nägel im Sarg der Freiheit sind aus Moralismus geschmiedet.

Die meisten Deutschen heulen mit der Meute. Sie beten das grüne Glaubensbekenntnis nicht aus Überzeugung, sondern aus Vorsicht. Sie machen es wie Agnostiker, die nicht an Gott glauben, seine Existenz aber auch nicht abstreiten. Man kann ja nie wissen. Der grüne Mainstream will auf dem richtigen Fuß Hurra schreien. So erzeugt der grüne Moralismus grünen Konformismus. Das ist der Kern der gegenwärtigen Krise.

Konformismus oder das Schweigen der Lämmer

Wer streitet, ist in Deutschland umstritten. Werden in Parteien Meinungsunterschiede offen ausgetragen, sind sie sofort zerstritten. Dies ist unstrittig von Nachteil.

Die Ablehnung von Streit hat Tradition. »Ein garstig Lied! Pfui! ein politisch Lied!« sagt Brandner in Auerbachs Keller in Goethes Faust.

Ausbleibenden Streit empfinden die Deutschen nicht als Mangel. Da Demokratie nichts anderes ist als ritualisierter und institutionalisierter Streit, spüren sie also auch nicht die Mängel ihrer Demokratie. Geschlossenheit gilt in Deutschland als Tugend. Wer die Mängel der eigenen Demokratie nicht empfinden kann, kann auch das Verhängnis nicht einschätzen, in das er sich begeben hat. Auch dies ein Teufelskreis.

Streit steht zu Unrecht in schlechtem Ansehen. Zum Streiten braucht man mindestens zwei; er ist also eine gemeinsame Anstrengung. Selbst Uneinigkeit verbindet. So steckt im Streit der Schlüssel zur Einigkeit. Wer nicht streitet, dem ist das Umstrittene auch nichts wert.

Für die Dialektik von Dissens und Konsens sind die Deutschen allerdings nicht zu haben. Sie neigen in jeder Hinsicht zu Pazifismus. Er steht auf einem festen Fundament, das nicht Friedensliebe oder Harmoniesucht heißt, sondern Schiss. Sich aus allem heraushalten und bloß nicht behelligt werden: die deutsche Variante des Pazifismus.

Streit setzt die Fähigkeit voraus, selbst zu denken. Wer nicht denken kann, kann nicht kritisieren, sondern nur beschimpfen oder hassen oder blind verehren. Dies ist die Dialektik des Streits: Wer kritisieren will, muss zu Selbstkritik fähig sein – eine Errungenschaft der Demokratie, seit im alten Athen Selbstkritik zur Verbesserung der Politik eingeführt und systematisiert wurde. Schlag nach bei Sokrates!

Dem ist das bekanntlich nicht gut bekommen. Weil, auch das lernen wir bereits von den alten Griechen, Demokratie in der Weltgeschichte eher die Ausnahme ist als die Regel. Wenn das Streiten nicht mehr funktioniert, funktioniert auch Demokratie nicht mehr. Ohne Streit ist keine lebendige politische Gemeinschaft möglich. Vermutlich gilt das auch in der intimen Kleingemeinschaft der Familie. Streit erhält die Gemeinschaft: es ist die ins Nützliche gedrehte Umkehrung des Teufelskreises und erklärt, weshalb Konsenssucht schädlich ist für Demokratie und Freiheit.

Die Deutschen sehen sich selbst gern als Konsensgesellschaft. Lieber geschlossen untergehen als für eine bessere Zukunft streiten.

Wer nicht streitet, geht konform. Konformismus ist in der Demokratie die Grundhaltung des Unpolitischen. In der Diktatur ist es umgekehrt. Der Konformist ist die Stütze des Systems.

Der Klügere gibt nach, glaubt der Konformist und schließt sich prinzipiell dem Stärkeren an. Obwohl er weiß, dass der der Dümmere ist. Seine Maxime: lieber dumm als schwach.

Die Ursachen des Konformismus sind mehrfach brillant beschrieben worden. Elisabeth Noelle-Neumann nennt den Mechanismus, der Konformismus erzeugt, »Schweigespirale«. Das Individuum heult gern mit den Wölfen. Damit hofft es, auf der sicheren Seite zu sein. Wenn es nicht heulen mag, dann wenigstens schweigen. Zuletzt hat Norbert Bolz in seinem Buch *Der alte weiße Mann. Sündenbock der Nation* die Versklavung beschrieben, mit der in der Mediendemokratie gut organisierte Minderheiten der Mehrheit ihre Meinung aufzwingen. Am Ende ist die öffentliche Meinung nicht das, was »die Leute meinen, sondern das, was die Leute meinen, was die Leute meinen«. Konformismus ist Anpassung und Unterwerfung. Deshalb wird der Mainstream immer breiter.

Was nicht heißt, dass der Konformist gern für konformistisch gehalten werden möchte. Er gibt sich gern als Individualist. Die gesamte Lifestyleindustrie lebt davon. Sie vertreibt die Masken, mit der sich der Konformist als »authentischer« Individualist kostümiert.

Der Konformist ist nur richtig bei sich, wenn er mit dem Finger auf den Nonkonformisten zeigt, also auf sich.

In äußerster Not bringt der Konformist ein vielsagendes Schweigen zum Ausdruck. Aber am liebsten schweigt er vielstimmig.

Das Bürgertum ist für Konformismus empfänglich, denn es hält auf tadelloses Benehmen. Die Form gilt ihm mehr als die Wahrheit. Wer über die Wahrheit nicht reden kann, muss die Wahrheit verschweigen.

Der Konformist trägt gern die Kluft des Patrioten. Als Mittel zum Zweck ist der selbst in einer Partei willkommen, die von Patriotismus nie etwas gehalten hat. Im Juli 2022 warnte etwa Baden-Württembergs grüner Ministerpräsident Winfried Kretschmann vor einem Auseinanderreißen der Gesellschaft im Fall einer Gasmangel-Lage im Winter. Deshalb komme es darauf an, »dass wir uns in den wesentlichen Punkten nicht auseinanderdividieren lassen ... Dabei ist auch unser Patriotismus gefragt.« Von Habeck ist der gern zitierte Satz überliefert: »Vaterlandsliebe fand ich stets zum Kotzen.« Doch als er ihn formulierte, war er noch nicht Wirtschaftsminister. Es sind immer nur die Mächtigen, die zu Geschlossenheit auffordern. Gern geben sie deshalb Patriotismus als Sittenlehre aus.

Die grünen Sittenlehrer schenken dem Staat so lange Verachtung, bis sie ihn in ihren eigenen Händen halten. Dann wacht der Staat unter ihrer Aufsicht über die zulässigen Sitten. Wer sie ablehnt, ist unsittlich, kann also kein Patriot sein. Patriotismus ist noch immer als Mittel der Disziplinierung missbraucht worden.

Ein Gespenst geht um in Deutschland: das Gespenst der Spaltung. Die Spalter sind immer die anderen. Die Woken sind achtsam gegenüber jedermann und jederfrau und allen dazwischen. Nur alte weiße Männer, Konservative, Liberale, Skeptiker, Selbstdenker und überhaupt Andersdenkende achten sie nicht. Sie wissen zwischen Hell- und Dunkeldeutschland klar zu unterscheiden. Mit Gutmenschen muss man nicht streiten. Mit den anderen zu streiten ist sinnlos.

Und was ist mit der sozialen Spaltung? Man kann nicht alles haben, finden die Klimakteriker. Sie haben schließlich andere Sorgen. Die große Transformation lässt sich nicht aus den Ärmeln schütteln. Wo gehobelt wird, fallen Späne. Man muss Prioritäten setzen. Klima geht vor Wohlstand. Die Moral vor dem Fressen. Das zu bestreiten ist verboten.

Was den grünen Konformisten verloren geht, ist Ambivalenz. Der schöne Platz zwischen den Stühlen. Sie verlangen, sich zu entscheiden. Wer nicht gegen Atomstrom ist, ist dafür. Wer mangelnde Integration kritisiert, ist gegen Flüchtlinge. Wer nicht die rechte woke Gesinnung zeigt, ist rechts.

Der Konformist ist ein naher Verwandter des Prinzipienreiters. Linientreue schützt sie vor ihren eigenen uneingestandenen Zweifeln. Es geht dann nicht mehr um richtig oder falsch. Richard Wagner: »Deutsch sein heißt, eine Sache um ihrer selbst willen tun.« Liberale Gesellschaften streiten um pragmatische Alternativen, die Deutschen, falls sie streiten, um Grundsätze. Die Pragmatiker setzten sich auseinander, die Prinzipienreiter dividieren auseinander. Sie spalten.

Im Umgang mit Spaltern macht bereits flüchtiger Kontakt schuldig. Covid ist Dreck dagegen. In diesem Fall helfen weder Maske noch Impfung. Besonders gilt das für den Umgang mit der AfD in den Parlamenten. Kein »Demokrat« darf den Unberührbaren in irgendeiner Frage zustimmen, schon gar nicht mit deren Stimmen gewählt werden, selbst wenn die Wahl demokratisch ist.

Als im Februar 2020 in Thüringen der FDP-Abgeordnete Thomas Kemmerich auch mit Stimmen der AfD (und der CDU) im dritten Wahlgang zum Ministerpräsidenten gewählt worden war, entrüstete sich die gerade im fernen Südafrika weilende Kanzlerin. Der Vorgang sei »unverzeihlich«, das Ergebnis müsse rückgängig gemacht werden. Das Bundesverfassungsgericht verurteilte die erfolgreiche Einmischung. Merkel habe in amtlicher Funktion die AfD negativ qualifiziert, damit in einseitiger Weise auf den Wettbewerb der politischen Parteien eingewirkt und das Recht der AfD »auf gleichberechtigte Teilhabe am Prozess der politischen Willensbildung aus Art. 21 Abs. 1 Satz 1 GG« verletzt. Folgen hatte das Urteil nicht. Die veröffentlichte Meinung stimmte Merkels Intervention zu. Derzeit wird die offene Gesellschaft von geschlossenen Weltbildern kaserniert. Was schließen wir daraus? Das Klima ist wichtiger als die Freiheit, die woke Gesinnung wichtiger als die Demokratie.

Polarisieren ist etwas anderes als Spalten. Es gehört zum Streiten dazu. Wer polarisiert, macht Unterschiede klar. Wer spaltet, hält Unterschiede nicht aus. Wer Unterschiede nicht erträgt, grenzt aus. Statt über Meinungen zu debattieren, wird dauernd darüber debattiert, welche Meinungen statthaft sind und welche nicht.
Kräftig ausgegrenzt wird auch in demokratischer Meinungsvielfalt verpflichteten Parteien. Eher befreien sich – was selten gelingt – die CDU von Hans-Georg Maaßen, die SPD von Thilo Sarrazin, die Grünen von Boris Palmer und die Linke von Sahra Wagenknecht, statt sie als Bereicherung zu begreifen.
Als der Tübinger Oberbürgermeister Palmer, damals noch Mitglied der Grünen, sich in einem »Memoran-

dum für eine andere Migrationspolitik in Deutschland«
für »Menschlichkeit und Empathie (...) ohne Blauäugig-
keit und das Verschweigen von Problemen« aussprach,
wurde er »menschenverachtender Positionen« (Grüne
Jugend) geziehen und aus den eigenen Reihen als
»Rechtsaußen der Grünen« attackiert. Dieser Reflex
funktioniert sofort. Die Verfasser des Memorandums
nennen sich »Vert Realos«: Tatsächlich gibt es bei den
Grünen keinen ausgewachsenen Realoflügel mehr, der
sich als Teil der bürgerlichen Mitte verstünde, fast die gesamte Partei ist im linken Mainstream untergetaucht.

Meinungsvielfalt ist nicht erwünscht. Diversity schon.
Die Diversen sollen sich unterscheiden, ihre Haltungen
aber keinesfalls. Ausgerechnet die Propagandist:innen
von Diversity tun sich beim Ausgrenzen besonders hervor.

Das wirkungsvollste Mittel der Ausgrenzung ist die
Sprache. Sie ist so vermint, dass kein offener Diskurs
möglich ist, ohne moralische Empörung auszulösen. Als
rassistisch, antisemitisch, kolonialistisch, misogyn etc.
wird automatisch ausgegrenzt, wer die gewohnte Sprache
vorzieht. Das Normale ist nicht mehr üblich, das Unübli-
che ist die neue Norm. Vorsicht und Rücksicht gehen vor
Klarheit und Verständlichkeit. Erstes Gebot: Du sollst
nicht provozieren und verletzen. Die ständige Vorsicht
ruiniert die Qualität der Debatten und damit auch den
Charakter der Politik.
Das ist gut in der CDU zu sehen, die nach Merkels Ära
noch immer mit quietschenden Reifen über den Parcours
des Zeitgeists schlingert. Es lähmt sie auch die panische
Angst davor, in Sprachfettnäpfchen zu treten. Selbst

kleinste »Verfehlungen«, wie etwa Friedrich Merz' Bemerkung über »die kleinen Paschas«, machen angreifbar. Das Thema, um das es geht, also die Erziehung in der islamischen Parallelgesellschaft, gerät darüber an den Rand.

Der CDU ist in dieser Hinsicht selbst nicht über den Weg zu trauen. Für den Pakt mit den Grünen würde sie ihren Schatten verkaufen. Das fiele ihr schon deshalb leicht, weil sie schon länger keinen Schatten mehr wirft.

Weil es die AfD gibt, sieht sich die CDU zu Bündnissen mit den Grünen gezwungen. Ein Dilemma, das sie sich selbst zuzuschreiben hat. Letztlich ist die AfD Fleisch von ihrem Fleisch. Eine Abspaltung, verursacht vom eigenen Linksrutsch. Die CDU schließt sich der Stigmatisierung der AfD an, um nicht in ihre Nähe gerückt zu werden – was dennoch geschieht. Statt den konservativen Teil der Wählerschaft zu binden und damit der AfD zu schaden, gibt sie ihn auf. CDU-Politiker agieren oft wie Angeklagte, die auf mildernde Umstände plädieren.

Konsens ist kein Wert an sich. Meist handelt es sich um faule Kompromisse. Manche Konflikte lassen sich nur mit faulen Kompromissen beenden. Aber Kompromisse, die nur dazu gut sind, notwendige Konflikte zu vermeiden, sind wertlos.

Schön, wenn schwierige Entscheidungen von einer großen Mehrheit getragen werden. Aber die Mehrheit hat nicht immer Recht, und die qualifizierte Mehrheit ist selten identisch mit der Mehrheit der Qualifizierten. Schwarmintelligenz gibt es allenfalls im Tierreich. Im Konsens wird oft Falsches beschlossen, der allgemein begrüßte überstürzte Ausstieg aus der Kernenergie nach dem Tsunami in Japan ist dafür ein Beispiel.

Die mangelnde Bereitschaft zum Konflikt hängt mit dem Mangel an Liberalität zusammen. Liberal sein heißt nicht, alles zu tolerieren, sondern Unterschiede auszuhalten. Liberale, die nicht alles tolerieren, werden für rücksichtslose Egoisten gehalten. Ohnehin rangiert Freiheit immer hinter Sicherheit. Jemand kam sogar auf den Einfall, Freiheit zur »Floskel des Jahres 2022« zu küren; das zeigt, in welchem Ansehen der Liberalismus steht.

Strittige Maßnahmen werden für alternativlos erklärt, um sie dem Streit zu entziehen. Wer etwas nicht will, erklärt es für moralisch untragbar. Das vereinfacht zwar die Angelegenheit nicht, aber verkürzt sie.

Das war nicht immer so. Am Anfang der Bonner Republik waren fundamentale Entscheidungen zu treffen: Soziale Marktwirtschaft oder staatliche Lenkung, Wiederbewaffnung oder Wiedervereinigung mit Moskaus Segen. Kapitalismus und Westbindung waren höchst umstritten, auch in der Kanzlerpartei. Adenauer und Erhard setzten sie in zähem Ringen gegen massiven parlamentarischen und außerparlamentarischen Widerstand durch. Es dauerte Jahre, bis die überwiegende Mehrheit der Bevölkerung vom eingeschlagenen Weg überzeugt war. Am Ende vollzog sogar die sozialistische SPD mit dem Godesberger Programm einen ideologischen Kurswechsel – und machte sich damit koalitionsfähig. Wäre Adenauer nur Stimmungen gefolgt, hätte die Bonner Republik nicht lange existiert.

Wer nichts mehr gegen das Vernünftige vorzubringen weiß, sagt, es sei leider nicht konsensfähig. Ein Totschlagargument.

Ein Beispiel dafür, wie das läuft: Nahezu unisono widersprach die Fachwelt dem Präsidenten des *Naturschutzbund Deutschland*, Jörg-Andreas Krüger, der wahrheitswidrig behauptet hatte, an Bohrstellen für Schiefergas häuften sich Krebsfälle. Dabei wäre heimisches Schiefergas billiger und umweltfreundlicher als Flüssiggas aus den USA oder Katar. Mit 200 Bohrplätzen könnten 50 Jahre lang 40 Prozent des russischen Erdgases ersetzt werden. Negative Folgen für die Umwelt wären nicht zu befürchten. Das stellten auch der Berufsverband der Geowissenschaftler und die *Deutsche Geologische Gesellschaft* fest. Dennoch wird die heimische Energiequelle nicht genutzt. Die Grünen blockieren.

Wie auf Bestellung knickten nun manche Wissenschaftler ein. Sie behaupteten zwar nicht, Schiefergas sei gefährlich, verwiesen jedoch auf die fehlenden »gesellschaftlichen Rahmenbedingungen«. Wenn fachliche Argumente ausgehen, werden fachfremde gefunden, um das politisch gewünschte Ergebnis zu sichern.

Es wäre Aufgabe der Wissenschaft, die Debatte zu entideologisieren. Die gesellschaftliche Akzeptanz wäre dann das Ergebnis. Statt dessen ducken sich die Fachleute weg. Dem Konsens werden bessere Argumente von vornherein geopfert. In der Geschlossenheit suchen die Deutschen Schutz, im Zusammenhalt Wärme. Wenn schon die Welt so schwierig und bedrohlich geworden ist, soll nicht auch noch Zwietracht die Stimmung belasten.

Versuch und Irrtum sind das Grundprinzip jeglichen Fortschritts, nicht nur in der Wissenschaft. In der Politik ist dieses Prinzip kaum verbreitet, denn es verträgt sich nicht mit dem, was die Deutschen unter Führung verstehen. Ein Führer, der irrt, gilt als ein Führer, der sich verirrt hat. Folglich behält er das besser für sich und folgt weiter dem falschen Kurs. Ist die Lage erst richtig verfahren, verkündet er die nächste Zeitenwende. Dieser Moment gilt als Erleuchtung, nicht als Eingeständnis.

Auch die Wissenschaft spürt die Schwerkraft des Konformismus. Sowohl in der Klimapolitik wie bei den Covid-Maßnahmen beriefen sich die Regierenden auf wissenschaftlichen Konsens, den es nie gab.

Vielmehr wurde mit harten Bandagen hinter den Kulissen gekämpft. Der einflussreichste Berater der Bundesregierung, Christian Drosten, forderte gegen unliebsame Kollegen »eine Sanktion aus dem beruflichen Umfeld«, um zu verhindern, dass sie »falsche Behauptungen, die Menschenleben kosten, in die Medien tragen.« Seine eigene nachweislich falsche Empfehlung, die Schulen zu schließen, wurde dagegen mit breiter Unterstützung von Journalisten, die ihm an den Lippen hingen, Realität. Den Konsens verweigernden Wissenschaftlern wurden Forschungsgelder verweigert, Lehraufträge gestrichen.

Talkshowprofessor Lauterbach verdankt es seiner Medienpräsenz, Gesundheitsminister geworden zu sein. Journalisten lechzten nach seinen übertriebenen Voraussagen. Weder die angekündigten »Killerviren« noch die »Sommerwelle« trafen ein. Die Impfung schützte keineswegs, wie von ihm behauptet vor Ansteckung, und frei von Risiken war sie auch nicht. Aber das alles sahen ihm die Medien nach, die bis heute nicht bereit sind, sich für ihre fatale Panikmache zu rechtfertigen oder wenigstens zu entschuldigen.

Journalisten sind an und für sich Skeptiker von Beruf. Unabhängig davon, für welche Sache ihr Herz schlägt oder wem sie politisch nahestehen, sollten sie grundsätzlich alles kritisch betrachten. In der Bonner Republik war das noch so üblich. In den Covid-Jahren stellte sich die Mehrheit der Journalisten den Erziehungsmaßnahmen und dem Freiheitsentzug zur Verfügung. Auch das gehört zur bitteren Bilanz der Berliner Republik. Mit einem großen Teil der Presse als Kontrollinstanz (»vierte Gewalt«) ist vorläufig nicht zu rechnen.

Kritik an den herrschenden Verhältnissen galt in der Bonner Republik a priori als links. Wer heute Zweifel äußert, muss damit rechnen, für rechts gehalten zu werden. Die aktuelle Unterscheidung lautet nicht rechts und links, sondern rechts und richtig. Rechts ist grundsätzlich falsch.

Warum sich der Untertanengeist in Deutschland hartnäckig hält? Ehrfurcht vor Ämtern und Titeln ist ein Grund, aber nicht der entscheidende. Es ist die Idee vom guten Staat. Ein guter Staat ist ein Staat, der den Bürgern Sorgen abnimmt. Der Bürger wird zum »Sozialuntertan«. Davor hat bereits Ludwig Erhard gewarnt. Das Volk sei empfänglich für die »geistige Bevormundung einer ebenso machthungrigen wie seelenlosen Bürokratie und Bonzokratie.« Diese Schwäche der Demokratie ist so alt wie die Demokratie selbst. Alexis de Tocqueville hat schon 1835 in seinem Buch *Die Demokratie in Amerika* auf die Gefahr hingewiesen, dass die Bürger ihrer Eigenverantwortung entwöhnt und beraubt würden. Notwendig wäre eine Bürgerschaft, die keinen falschen Parolen auf den Leim geht.

Statt mit weitsichtiger Politik Krisen vorzubeugen, versucht der Staat, die Bürger mit »Wohltaten« ruhig zu stellen. So ist das auch mit Wumms und Doppelwumms.

Die Bürger sollen vergessen, welchen Anteil die »Wohltäter« an der Krise haben. Deutschland befasst sich stets mehr mit der »Abfederung« der Missstände als mit deren Ursachen.

Von der Wiege bis zur Bahre seiner Bürger beansprucht der Staat Zuständigkeit. Daran haben sich die Bürger gewöhnt. Die wenigsten erkennen den Preis. Hauptsache, es geht dabei gerecht zu. Gerecht ist wichtiger als richtig. Die Bundesrepublik wird seit jeher von ihrer Sozialpolitik zusammengehalten.

Staatsgläubigkeit und Konformismus sind vom selben Holz. Empfänglich dafür sind in Deutschland nicht nur die kleinen Leute, sondern alle Empfänger staatlicher Mittel. Auch die Wirtschaft ruft schnell und laut nach Subventionen, besonders nach staatlicher Kompensation für finanzielle Einbußen aufgrund von Covid-Maßnahmen und explodierender Energiepreise. Mehr Markt fordern sie selten. Die planwirtschaftlichen Ambitionen der Ampel-Regierung stoßen kaum auf Widerstand.

Kein Wunder, dass die Automobilindustrie auf dem Weg des geringsten Widerstands ins eigene Verderben rennt. Kein Spitzenmanager sagt offen, was er vom Elektrifizierungswahn hält. Die Industriellen kuschen und folgen den Vorgaben der Politik. Kaum einer eckt an.

Wie auch? Die innere Freiheit dazu bedürfte eines sicheren Urteils, das nur der gewinnt, der eigenständig denkt. Es ist eine Frage der Persönlichkeit – also der Erziehung – und der Bildung. Verloren ist, wer nicht über innere Maßstäbe verfügt, sondern sich vom Zeitgeist scheuchen lässt. Wieder ein Teufelskreis.

Jasager, Mitmacher, Duckmäuser sind ein Erzübel der Demokratie. Sie sind überall zu finden, wo Karrieren winken. Unabhängigkeit ist dann keine Eigenschaft, die zählt. Das ist in der Wirtschaft nicht anders als in den Medien, in der Wissenschaft und in der Politik. Nonkonformismus ist die neue Staatsräson.

»Das ist ein Querdenker!« Früher war das ein Kompliment, heute ein Schimpfwort. Früher standen Nonkonformisten in Opposition zur bürgerlichen Lebensart. Heute erscheinen Bürgerliche, die sich der Wokeness verweigern, als die letzten Nonkonformisten. Allmählich wird das Bürgerliche zur Gegenkultur.
Der bürgerliche Nonkonformismus findet heute Ausdruck im Beharren, meint der Medienphilosoph Norbert Bolz. Er spricht von der »Tapferkeit des Bürgers, der sich den bequemen Ausweg der Gesellschaftskritik versagt«. Das ist glänzend formuliert, beschreibt jedoch einen gefährlichen Defätismus.
Beharren ist notwendig, aber nicht genug. Der bürgerliche Nonkonformist muss Gesellschaftskritiker sein. Wer nicht untergehen will und sein Leben selbstbestimmt führen möchte, ist gezwungen, Widerstand gegen die Zumutungen des Staates zu leisten, nicht nur im Stillen. Ob es ihm behagt oder nicht.

Abschalten und andere Überlebensstrategien

Eine Fahrt mit dem ICE ist wie ein erlebtes Gleichnis über den Zustand der Republik. Deutschland hat nicht nur eine zunehmend dysfunktionale Bahn. Es *ist* ein Land wie seine Bahn.

Ein Zug fällt aus. Die Passagiere quetschen sich in den Gängen des nachfolgenden Zugs. Ein Mann, der gebucht und reserviert hat, regt sich laut über die Zustände auf. Ein Herr mit Fensterplatz beschwert sich: »Ersparen Sie uns das!« Wen meint er, wenn er »uns« sagt? Schließt er von sich auf alle anderen? Warum grenzt er den Schimpfenden aus? Die meisten anderen sind vermutlich ebenfalls erzürnt. Und was genau soll der Mann den anderen »ersparen«? Doch nicht das Versagen der Bahn, sondern die Ruhestörung. Ein zweiter Herr mit Sitzplatz springt dem ersten bei: »Geben Sie endlich Ruhe!« Was sind das für Leute! Hauptsache, sie haben es selbst halbwegs bequem. »Sie haben ja recht«, sagt ein Dritter zum Zornigen. Ein unüberhörbares »aber« schwingt mit. Aber Sie benehmen sich daneben, haben Ihre Nerven nicht im Griff.

Der gute Bürger macht kein Trara. Er beweist Gleichmut, hält teilnahmslos still, schluckt, was man ihm serviert, bewahrt die Form. Die meisten Bürger gefallen sich in merkwürdiger Wurstigkeit, die sie für Disziplin halten.

Diese bürgerliche »Tugend« trifft auf eine scheinbar ganz andere Mentalität. Sie ist besonders in der »Hauptstadt« populär. *Keine Arbeit – Is mir egal / Kein Geld – Is mir egal / Zweite Mahnung – Is mir egal.* Mit Zeilen wie diesen starteten die für die Häufigkeit von Betriebsstörungen gefürchteten Berliner Verkehrsbetriebe eine weltweit belachte Werbekampagne. In Berlin arrangiert man sich nicht nur mit dem Mangel, sondern auch mit dem Versagen, das den Mangel hervorruft. Dem Rapper Kazim Akboga aus dem Stadtteil Neukölln, der mit seinem Lied einen Viralhit landete, war offenbar doch nicht alles egal. Er brachte sich um. Sein »Is mir egal« aber wurde zur Formel für die Gemütslage in der »neuen Normalität«.

Die meisten Bürger zucken mit den Schultern, finden sich ab. Ist es Gelassenheit oder Gleichgültigkeit oder Resignation?

Wo sind die berühmten deutschen Sekundärtugenden? Wenn Fleiß, Pflichtbewusstsein, Zuverlässigkeit, Pünktlichkeit und Disziplin Verkehrsbetriebe und Fahrgäste, Regierende wie Regierte nicht gleichermaßen verpflichten, sind sie wenig wert. Was nützen fleißige und pünktliche Politiker, Beamte und Bahnangestellte, wenn ihnen Können, Leidenschaft und Kompetenz fehlen? Eigenschaften, die unter den Sekundärtugenden nicht zu finden sind. Oder haben sie auch resigniert?

Die Illusion von der Überlegenheit der deutschen Wirtschaft, von der Zuverlässigkeit seiner Verwaltung, von der Stabilität der politischen Verhältnisse ist verblasst. Die Deutschen verlieren das Vertrauen in ihr Land. In Umfragen zeigt sich kein Volk pessimistischer. »Deutschland steht vor einem Niedergang« glaubten (Ende 2022) 61 Prozent der Befragten, 88 Prozent befürchteten »drastische Veränderungen«. Die Regierung organisiert den Rückbau und preist ihn als Rettung an. Es ist eine ungute Mischung aus Selbstgefälligkeit, Realitätsverweigerung, Selbstfesselung und Verblendung.

Die meisten Befragten befinden sich, so Stephan Grünewald vom *Institut Rheingold*, das den Zustand der Gesellschaft mit tiefenpsychologischen Methoden erforscht, »in einem No-Future-Modus«. Sie arrangieren sich nicht nur mit dem Mangel, sondern auch mit dem Versagen, das den Mangel hervorruft.

Gerade weil sie dem Staat nicht mehr trauen, wächst die Sehnsucht nach einem starken Staat. Das macht die Lage gefährlich. Es ist eine ambivalente Gefühlslage: Die Deutschen sind noch immer verwöhnt, aber nicht mehr in Sicherheit. Sie spüren das Beben. Von großer Lust auf die große Transformation kann keine Rede sein, eher von Furcht vor der Demontage des einstigen »Modell Deutschland«.

Viele verklären die Vergangenheit. Sie ahnen, dass es nie wieder so wird, wie es einmal gewesen ist. Bei Älteren macht sich das Nach-mir-die-Sintflut-Gefühl breit. Was sollen sie auch tun? Die Nachrichten nicht mehr an sich heran lassen?

Ohne zu wissen, was das ist, üben sich viele Jüngere in Stoizismus. Schlag nach bei Wikipedia: »Für den Stoiker als Individuum gilt es, seinen Platz in dieser Ordnung zu erkennen und auszufüllen, indem er durch die Einübung emotionaler Selbstbeherrschung sein Los zu akzeptieren lernt und mit Hilfe von Gelassenheit und Seelenruhe nach Weisheit strebt.« Nichts leichter als das.

Wer in endlosen Lockdown-Stunden die Wand angebrüllt hat, weiß, dass er dazu nicht taugt. Selbst Philosophie gehorcht nicht immer dem Temperament.

Ein großer Teil der Bürger verschanzt sich mit Gleichgesinnten in Meinungsblasen. Dort beklagen sie sich, wenn auch nur dort. Die Deutschen entdecken ihr Phlegma als neue Tugend.

Viele blicken nicht mehr über den eigenen Gartenzaun, ziehen sich in ihre privaten Schneckenhäuser zurück, suchen Harmonie nur noch mit sich selbst, igeln sich ein, basteln an Tarnkappen, schalten alles ab, nicht nur, um Strom zu sparen, hoppeln mit ihren Steckenpferden über die verwüsteten Schlachtfelder des woken Zeitgeistes. Manche liebäugeln in ihrer Verwirrung mit Veganismus und post-kapitalistischen Geschäftsmodellen.

Ach, man könnte so herzhaft spotten über die Schafe. Sarkasmus ist rezeptfrei, unbeschränkt lieferbar, wenigstens das, aber keine Arznei.

Et hätt noch immer jot jejange. Der rheinischen Lebensweisheit folgend verharren manche in ihrem bescheidenen Wohlstand, ziehen selbstzufrieden Tomaten auf dem Balkon und wählen Grün. Sie wollen die Abrissbagger in ihren Vorgärten nicht sehen und hören.

Andere verfallen in einen rücksichtslosen Ohne-mich-Egoismus.

Es sind diejenigen, die – im übertragenen Sinn – auf der Autobahn die Rettungsgasse nicht frei machen. Je nach Temperament, sozialem Status und Verstand degenerieren sie zu zynischen Misanthropen oder geistig verwahrlosten Radaubrüdern (und Schwestern). Nicht wenige ziehen in die innere Emigration.

Wieder andere denken daran, das Land zu verlassen. Es sind die Ehrgeizigen, die sich nicht ausbremsen lassen wollen. Sie könnten dem Schriftsteller Matthias Politycki nacheifern. Einst ein klassischer Linker, zog er aus Protest gegen die Sprachverhunzung durch Genderei und Wokeness nach Wien. Für ihn sind dies Ausdrucksformen einer kranken Zeit, in der nicht mehr Argumente zählen, sondern Emotionen. In der das Dogma, das Missionarische, Gegenaufklärerische dem freien Geist die Luft nehmen. In seinem viel diskutierten Buch *Mein Abschied von Deutschland. Wovon ich rede, wenn ich von Freiheit rede* (Hamburg 2022) hat er es wortgewaltig begründet. In Wien, meint Politicky, sei alles anders. Weil dort der Sinn für Ironie und Witz und für den Schmäh noch lebendig sei. Man müsste es ausprobieren. Doch wer kann schon einfach wegziehen?

Die Generation Flex denkt nicht an Auswandern. Sie steigt aus, ohne das Land zu verlassen. Dreitausend zwischen Fünfzehn- und Dreißigjährige aus unterschiedlichen Milieus hat das *Institut für Management und Wirtschaftsforschung* befragt und herausgefunden, dass Bildung, Fleiß und Leistung weniger zählen als bei früheren Generationen. Stattdessen stehen Lebensgenuss, Unabhängigkeit und Selbstverwirklichung an erster Stelle. Man kann es den jungen Leuten nicht verdenken. Das ist es, was sie in den vermaledeiten Krisenjahren schmerzhaft lernen mussten: Du kannst dich anstrengen, wie du willst, aber hast nichts davon.

Sozialpsychologen beobachten nicht nur in Deutschland, sondern auch in anderen Staaten mit hoher sozialer Abfederung der Lebensrisiken einen verhängnisvollen Trend. Immer mehr Bürger machen von ihrem Menschenrecht auf Faulheit Gebrauch. Auch zum Beispiel dadurch, dass sie auf Homeoffice Wert legen – eine Covid-Errungenschaft. Etwa auch in Frankreich. Im Gegensatz zu Deutschland wird dort das Recht auf Faulheit heftig diskutiert. 1960 gaben noch 60 Prozent der Franzosen an, Arbeit sei ihnen wichtig, heute sind es nur noch 24 Prozent (Institut *ifop* 2022).

In Frankreich fand man heraus, dass mit dem Motivationsverlust auch die Lungenkapazität von Menschen schrumpft, die über längere Zeit dem Müßiggang den Vorzug geben. Sie atmen schwächer, das schont natürlich das Klima. Sie sind müder, schlapper, schwächer. Dieser Befund korreliert mit der politischen Einstellung – je linker, desto fauler. Womöglich käme man in Deutschland auf ähnliche Ergebnisse, wären sie denn überhaupt zulässig.

Hierzulande wird Faulheit gefördert – wenn auch noch nicht gefordert. Aber man weiß nie, was den Klimaideologen noch alles einfällt.

Resignation ist nicht die einzige Antwort, stellt Paul J. Kohtes, Gründer der Philosophie-Stiftung *Identity Foundation*, fest und kommt zu einer wagemutigen Voraussage. »Womöglich stehen wir vor einem sehr grundsätzlichen gesellschaftlichen Perspektivwechsel und die Idee institutioneller Lösungen von oben ist ein Auslaufmodell. Interessant ist, dass inzwischen ein Drittel der Bevölkerung im Spirituellen Ermutigung findet, nicht als Weltflucht, sondern als Antrieb, sich dem Leben und seinen Herausforderungen tatkräftig zuzuwenden.« Das kann für Freiheitsliebende keine Hoffnung sein.

Es geht den Deutschen noch nicht schlecht genug. Sonst würden sie ja etwas ändern, würden sich wehren oder wenigstens empören.

Aus der Tatsache, dass es noch viel schlimmer kommen könnte, ziehen viele sogar Zufriedenheit. Haben sie doch verdammtes Glück gehabt. Der Dritte Weltkrieg steht wieder vor der Tür. Würden die Russen als Nächstes ein NATO-Land angreifen, wäre die Bundeswehr direkt involviert – und das ohne Munition. Sie sind froh, dass nur Gas und Geld knapp sind.

Alles ist hin. Das uralte Volkslied »O du lieber Augustin« stammt aus Wien und ist eigentlich nicht lustig. Es bezieht seine Komik aus der Aussichtslosigkeit der Lage. Dennoch erheitert es. Es geht immer noch schlimmer. Wenn alles hin ist, helfen nur noch Gottvertrauen und Galgenhumor.

Augustin hat alles verloren. *Geld ist weg, / Mädel ist weg, / Stock ist weg, / Augustin liegt im Dreck.* Dann verlässt das Lied die persönliche Malaise des Pechvogels. *Und selbst das reiche Wien, / Hin ist's wie Augustin; / Weint mit mir im gleichen Sinn, / Alles ist hin!* Wenn alle weinen, ist es fast schon wieder tröstlich. Gleichsinn und Gleichmut sind nah beieinander. Geteiltes Leid ist halbes Leid. Der Witz des Lieds liegt in der Steigerung des Elends, in der Übertreibung. Das Unglück ist nicht zu lindern, jedenfalls weiß keiner wie. Man sollte nichts bereuen, wenn nur noch die Erinnerung an bessere Tage bleibt. *Jeder Tag war ein Fest, / Und was jetzt? Pest, die Pest! / Nur ein groß' Leichenfest, / Das ist der Rest.* Der Schluss hört sich an wie ein Aufruf zum Suizid. Aber auch dabei scheint es fast gemütlich zuzugehen. *Augustin, Augustin, / Leg' nur ins Grab dich hin! / O du lieber Augustin, / Alles ist hin!*

Der Tod macht den Menschen zur Witzfigur – soweit er sich zuvor nicht selbst dazu gemacht hat –, weil die Angst vor dem Tod stärker ist als sein Verstand. Die Covidpandemie hat es bewiesen. Psychologen sehen in der Pandemiepolitik einen Grund für den Niedergang der Arbeitslust. Die Jahre des erzwungenen Müßiggangs haben die Einsicht verstärkt, dass Arbeit vergebens ist.

»Bleiben Sie gesund!«, lautet der gut gemeinte, hundertfach gehörte Wunsch, der nicht mehr zu ertragen ist. Wenn Gesundbleiben alles ist, was einem noch bleibt – wozu ist man dann überhaupt gesund?

III.
Druck im Kessel: Vom Aufbruch zur Rebellion

Dem Bürger fliegt vom spitzen Kopf der Hut,
In allen Lüften hallt es wie Geschrei.

Jakob van Hoddis, *Weltende*

Resilienz, aber richtig

Wie kann ein prosperierendes Land so heruntergewirtschaftet werden, ohne dass sich die Bevölkerung dagegen zur Wehr setzt? Genügt es wirklich, die große Transformation für unvermeidlich zu halten? Etwa die Hälfte der Deutschen scheint auf den Geschmack gekommen zu sein, findet, die Regierung arbeite alles in allem zufriedenstellend. Sie lehnt sich nicht auf, sondern an – an die Mauern eines Luftschlosses.

Wurde ihr ein Betäubungsmittel gespritzt? Hier ein paar Milliarden und dort, Geld, das dem Staat nicht gehört. Wirkt seit Jahrzehnten ein schleichendes Gift?

Der Zustand der Republik erinnert an die DDR und deren Ende. Auch Westdeutsche, die davon keine Ahnung haben, empfinden das: »Es fühlt sich schon wieder so an wie 1989«, sagt der aus Westfalen stammende thüringische AfD-Vorsitzende Höcke. Dafür »haben *wir* nicht die friedliche Revolution gemacht«. Er hat gar nichts gemacht. Es riecht auch nicht nach »Wende«, da mag das Juste Milieu noch so sehr von »Zeitenwende« schwadronieren.

Die Berliner Republik wird häufig als DDR 2.0 denunziert und die DDR dadurch verharmlost. Das Ostberliner Regime brach aus eigener Schwäche zusammen, das Land wurde aufgefangen von der Bonner Republik. Die Situation ist heute vollkommen anders. Es gibt keine Bürgerrechtsbewegung. Überhaupt keine Bewegung. In der Demokratie ist das Versagen der Parteien immer auch das Versagen der Wähler.

Resilienz ist die Tugend der Saison. In den Augen der geschäftsführenden Versager und ihrer Lautsprecher badet das Volk noch immer zu lau. Die Behaglichkeit will man ihm austreiben. Duldsamer und anpassungsfähiger sollen die Bürger werden, widerstandsfähiger gegenüber dem Stress, den Krise und Transformation entfachen.
Möglichst demütig sollten sich die Deutschen auf einen Blackout einstellen, ohne Heizung, Herd, WC, Wasser, Telefon, TV und Lift. Für den Notfall haben sie sich Kerzen besorgt, Wasser, Campingkocher, Dosennahrung und ein Batterieradio. Aus dem Ernstfall im vergangenen Winter ist zum Glück nichts geworden. Leider, meinen manche.
Das Krisenmanagement sieht in Resilienz eine Art psychisches Frostschutzmittel. Es ist jedoch nichts, was sich der ganzen Gesellschaft verabreichen ließe, sondern eine individuelle Persönlichkeitseigenschaft.
Die Politik der Ampel macht die Bürger zu Versuchskaninchen, testet aus, wie viel Krise der Untertan erträgt, bis er meutert. Die Gefahr ist gering. Der Deutsche taugt nicht zum Rebellen, zeigt leicht Verständnis für überforderte Politiker. Die versetzen die Bürger erst mit schwarzer Pädagogik in Angst und empfehlen dann eine dickere Haut. So sind sie.

Nicht, was hart macht, sei gelobt, sondern was zornig macht! Eine andere Art von Resilienz wäre nötig. Resilienz gegenüber einer verhängnisvollen Politik wäre erwünscht. Nicht Gleichmut gegenüber all den Zumutungen, sondern Auflehnung. Mehr Resilienz gegenüber dem grünen Zeitgeist. Die beste Resilienz wäre Resistenz gegenüber den Anmaßungen der Politik. Mehr Penetranz, mehr Trotz, mehr Widerborstigkeit. Bitte nicht noch mehr Verständnis und Geduld mit irrlichternden Kanzlerdarstellern! Nicht noch mehr Akzeptanz der neuen Normalität!

Aber es gibt Hoffnung. Mit der Kabarettistin Monika Gruber als Zugpferd strömten 13 000 Menschen zu einer Demonstration gegen das Heizgesetz in der Kreisstadt Erding zusammen. Sie ließen sich nicht davon abschrecken, vom grünen Juste Milieu in die rechte Ecke gerückt zu werden. Die Zeit für bürgerlichen Widerstand scheint reif.

Wie wir mehr
Demokratie wagen

Die fällige Revitalisierung der Demokratie ist ohne Reform ihrer Institutionen nicht möglich. Die Mängelliste ist lang. Wo anfangen? Das Folgende ist ein lückenhafter Versuch.

Lange Amtszeiten schaden. In der zweiten Hälfte seiner sechzehnjährigen Amtszeit sonnte sich Helmut Kohl im historischen Triumph. Sonst war nicht mehr viel mit ihm los. Politiker werden nicht aus dem Verkehr gezogen, nur weil ihre Haltbarkeitsdauer überschritten ist. Als Kohl ein fünftes Mal kandidierte, war seine Niederlage absehbar. Trotzdem konnte und wollte seine Partei ihn nicht davon abbringen.

Angela Merkel ruinierte in der zweiten Hälfte ihrer sechzehn Jahre langen Kanzlerschaft mit Hingabe die Republik. Sie genoss zwar weltweites Ansehen als »Führerin des Westens«, doch Fehlentscheidungen und Versäumnisse häuften sich, je länger sie im Amt war. Sie kandidierte kein fünftes Mal, trat aber nicht rechtzeitig zurück, um einem Nachfolger den Amtsbonus zu ermöglichen. Beide, Kohl und Merkel, lähmten die CDU, der sie in Personalunion vorsaßen.

Bereits Konrad Adenauers Kanzlerschaft, die vierzehn Jahre lang währte, litt gegen Ende an dessen erratischer Beratungsresistenz. Vor dem Irrglauben, unersetzlich zu sein, sind auch Demokraten nicht gefeit, je länger sie an der Macht sind, desto weniger. Eine Limitierung der Amtszeiten auf zwei Amtsperioden ist unausweichlich.

Generell besteht ein unverwüstliches Missverständnis darin, die Demokratie bringe die Klügsten und Besten an die Regierung. Das ist definitiv nicht der Fall. In der Demokratie sind die Untauglichen nur leichter loszuwerden. Wenn Demokraten davon keinen Gebrauch machen, versagt die Theorie.

Im Koalitionsvertrag der Ampelkoalition steht, eine Kommission solle die Sache »prüfen«. Nichts geschah. Bayerns Ministerpräsident Markus Söder versprach die Begrenzung der Amtszeit als Landesfürst, um dann seine dritte Wahl zum Plebiszit auszurufen: Wenn ihr unbedingt wollt, dass ich bleibe, vergesse ich das. Wer soll es denn sonst machen?

Die Frage ist berechtigt. Denn unter starken Regierungschefs fällt es geeigneten Nachfolgern schwer, sich in Szene zu setzen. Eine Begrenzung auf einmalige Wiederwahl würde die Parteien zwingen, rechtzeitig und stetig Nachfolgekandidaten zu entwickeln. Es spricht nichts dagegen, mit allen Regierungsämtern so zu verfahren.

Abgeordnete sind nicht wirklich frei. Laut Verfassung repräsentieren sie das ganze Volk. In Wahrheit repräsentieren sie nur ihre eigene Partei. Immer weniger Abgeordnete machen vom Grundgesetz-Artikel 38 Gebrauch: »Die Abgeordneten des Deutschen Bundestages (...) sind Vertreter des ganzen Volkes, an Aufträge und Weisungen nicht gebunden und nur ihrem Gewissen unterworfen.« De facto sind es Angestellte ihrer Fraktionen. Sie werden für Konformismus bezahlt.

Am abhängigsten sind die »Volksvertreter«, die von den Listen ihrer Parteien ins Parlament kommen. Deutlich unabhängiger sind direkt gewählte Abgeordnete. Dafür sind sie abhängig von ihren Wählern. Das ist nicht nur erlaubt, sondern wäre allgemein wünschenswert. Sie kennen ihre Wähler besser, stehen mit ihnen im Wahlkreis in ständigem Kontakt und erfahren aus erster Hand, wo es drückt. Sie verlassen das Raumschiff regelmäßig. Bezeichnend in diesem Zusammenhang, dass bei der Abstimmung Bonn-Berlin die direkt gewählten Abgeordneten dem »Raumschiff Bonn« den Vorzug gaben. Sie hielten dem Druck der Fraktionsführungen besser stand.

Die Persönlichkeit der Kandidaten spielt bei der Direktwahl naturgemäß eine größere Rolle. Eine wachsende Mehrheit der Bundestagsabgeordneten zieht jedoch über von Funktionären ausgehandelte Listen ins Parlament. Die Reform, die auf die notwendige Verkleinerung des Bundestags zielt, geht ausschließlich zulasten der direkt gewählten Abgeordneten und ist deshalb ein demokratiefeindlicher Skandal.

Regulär hat der Bundestag 598 Mitglieder, die Hälfte werden bisher per Erststimme in den Wahlkreisen direkt gewählt. Gewinnen Parteien mehr direkte Sitze, als es ihrem Anteil der Zweitstimmen entspricht, werden diese »Überhangmandate« durch »Ausgleichsmandate« von den Listen anderer Parteien kompensiert. Nach dieser Methode wucherte der Bundestag auf derzeit 736 Abgeordnete.

Künftig sollen Überhangmandate nicht mehr vergeben werden, Ausgleichsmandate wegfallen. Das bedeutet: Zahlreichen direkt gewählten Volksvertretern (denen mit den geringsten Prozentzahlen) würde der Einzug ins Parlament verwehrt. Ein klarer Verstoß gegen Grundprinzipien der Demokratie. Nicht alle Stimmen sind gleich viel wert. Manche Wahlkreise werden nicht mehr durch Abgeordnete vertreten. Noch ist offen, wie das Bundesverfassungsgericht urteilen wird, doch lässt dessen Zustand wenig Hoffnung zu.

Der Ruf des Bundesverfassungsgerichts ist ruiniert. Es stand in der Bonner Republik nicht nur juristisch, sondern allgemein als intellektuelle und politische Autorität in höchstem Ansehen. Heute fällt es durch eine einseitig regierungslastige Linie auf und verschärfte etwa das Klimaschutzgesetz von 2019. Auch der Einschränkung von Grundrechten durch die Covidpolitik stellte es sich nicht in den Weg.

An der Spitze des Gerichts steht der ehemalige CDU-Abgeordnete und Rechtsanwalt Stephan Harbarth, der sich dadurch qualifizierte, ein besonders treuer Gefolgsmann Merkels zu sein.

Die höchsten Richterposten werden unter den Parteien verteilt und hälftig von Bundestag und Bundesrat gewählt. Eine öffentliche Diskussion der Kandidaten findet nicht statt. Es wäre zwingend notwendig, die Wahl der obersten Richter wie in den USA an eine öffentliche Debatte zu binden.

Die Gewaltenteilung zwischen Exekutive und Legislative steht nur auf dem Papier. Fast alle Regierungsmitglieder sitzen auch als Abgeordnete im Bundestag und tun so, als könnten sie sich selbst kontrollieren.

Die Parlamente verlieren ohnehin an Einfluss gegenüber den Regierungen. Es kommt im Bundestag nur noch selten zum offenen Schlagabtausch, die meisten Abgeordneten beherrschen nicht einmal die Kunst der Frage. Die

Mehrheitsfraktionen verstehen sich als Hilfsorgan der von ihnen getragenen Regierung. Der Plenarsaal ist nicht wegen gleichzeitiger Ausschusssitzungen leer, sondern weil die Abgeordneten ihre Zeit nicht verschwenden möchten. Wer wissen will, was läuft, schaut nicht Parlamentsdebatten, sondern Talkshows.

Demokraten sind keine Garantie für freiheitliche Politik. Der CDU-Ministerpräsident von Nordrhein-Westfalen, Hendrik Wüst, stellte der »individuellen Freiheit« die »Freiheit des Kollektivs« entgegen. Es gibt aber nur individuelle Freiheit. Kollektive »Freiheit« ist Unfreiheit. Bundesgesundheitsminister Lauterbach forderte unverhohlen, die Unverletzlichkeit der Wohnung in der Pandemie aufzugeben; die Polizei sollte Lockdownregeln im privaten Raum überprüfen. Wenn es ans Eingemachte geht, sind Regierungen und Parlamente voller Verfassungsfeinde, nur dürfen sie nicht so genannt werden, und der Verfassungsschutz kümmert sich auch nicht darum. Im Gegenteil.

Gegen die Obrigkeit sind die Bürger machtlos, solange alle Macht bei den Parteien liegt. Sie müsste gründlich begrenzt werden. Parteien bestimmen, wer im öffentlichen Dienst Karriere macht. Sie regieren Behörden und Unternehmen der öffentlichen Hand. Sie bedienen sich ungeniert aus Steuermitteln. An der »Willensbildung des Volkes« wirken sie, wie es im Grundgesetz Artikel 21 heißt, nicht nur mit, sondern dominieren sie.
Ämterpatronage und Bereicherung sind an der Tagesordnung. Korruption ist gelegentlich im Spiel, wie die Verurteilung und Abwahl des mit der *Arbeiterwohlfahrt* verbundenen Frankfurter Oberbürgermeisters Feldmann

belegte. Die Parteien nutzen von jeher solche Vorfeld-
organisationen. Letztlich ist die Demokratie auf Gedeih
und Verderb den Parteien überlassen. Das rächt sich,
wenn sie unter einer Decke stecken.

Die Parteien verlieren Mitglieder. Der Knick kam, kein
Zufall, mit Beginn der Berliner Republik. Die ehemali-
gen Volksparteien Union und SPD schrumpften seitdem
von etwa 800 000 auf weniger als die Hälfte ihrer Mitglieder. In den Siebzigerjahren waren mehr als eine Million Bürger Mitglied der SPD, allein im Jahr 2022 verlor
sie 3,5 Prozent der Mitglieder, obwohl sie den Kanzler
stellte. Das ist ein untrügliches Zeichen für die wachsende
Entfremdung der Bürger von der politischen Klasse.
Nur die Grünen nehmen seit einigen Jahren zu – auf derzeit etwa eine Viertelmillion Mitglieder, was ihrem
wachsenden Einfluss in Staat und Gesellschaft zu verdanken ist. Es macht sich für viele bezahlt, Grüne zu sein.

**Wären die Parteien wenigstens selbst mustergültig de-
mokratisch!** In die richtige Richtung gehen Mitglieder-
befragungen, parteiinterne Vorwahlen von Kandidaten
für Spitzenämter. Nicht Funktionäre und ihre Seilschaften sollten die Linie der Parteien bestimmen, sondern die
Gesamtheit der Mitglieder. Am Beispiel von Merkel und
der CDU war zu sehen, wie eine Funktionärskaste unter
Führung einer einzelnen Person die Partei programma-
tisch entkernt und nach links gerückt hat. Die anders
sortierte Basis fand keine Möglichkeit, es zu verhindern.
Die traditionellen Parteien entstanden, als sich die Gesellschaft in großen Gruppen mit klaren Interessen for-
mierte. Proletariat, Mittelstand, Selbstständige. Katholi-
ken, Protestanten. Land, Stadt. Union und SPD, die

ehemals großen Volksparteien, vertraten klar erkennbare Interessen. Sie führten die wichtigen Meinungsbildungsprozesse auch in den eigenen Reihen durch, besaßen ausgeprägte Flügel. Selbst die Unionsparteien waren nicht bloß Kanzlerwahlverein. Mit einem Wort: Sie waren demokratisch.

Die Gesellschaft heute ist ungleich disparater und vielfältiger, ihre Mitglieder lassen sich nicht bestimmten Schichten und Milieus zurechnen. Die Parteienlandschaft ist breiter geworden, dennoch spiegelt sie die Gesellschaft nicht wirklichkeitsgetreu wieder.

Nach dem Ende der ideologischen Konfrontation wurden die großen Parteien verwechselbar. Das war so zu Beginn der Berliner Republik. Mit der grünen Reideologisierung müssten die Konturen eigentlich wieder schärfer erkennbar sein. An dieser Stelle rächen sich der Linksruck und die programmatische Entkernung der CDU. Etwas mehr Hoffnung macht die CSU; aber die gibt es nur in Bayern, und wer weiß schon, wie lange das bei Markus Söder hält.

In der Berliner Republik wächst der Einfluss außerparlamentarischer Organisationen, Interessenverbände, Expertenräte, NGOs. Sie sind personell mit Parteien und Regierungen verfilzt.

Seit dem Epochenbruch Ende der Achtzigerjahre werden diese Verhältnisse nicht nur in Deutschland von Wissenschaft und Publizistik »postdemokratisch« genannt. Mit Postdemokratie verwandt ist der Begriff der Post-Politik (Slavoj Žižek). Auch er spielt auf die schleichende Entdemokratisierung demokratischer Institutionen an. Zwar bleiben die Regularien nahezu unverändert, nicht jedoch das Wesen der Demokratie: der permanente Diskurs.

Politik wird nur inszeniert und verwaltet. Auch die Nationen als Basis demokratischer Ordnung verlieren. Stattdessen erfreut sich die demokratisch nicht hinreichend legitimierte EU enormen Machtgewinns.

Demokratie ist zur Herrschaftsform der politischen Klasse über ein weitgehend ruhiggestelltes Volk degeneriert, das möglichst nicht merken soll, was ihm genommen wird.

Alle Parteien halten sich für regierungsfähig. Das heißt nicht, dass sie fähig sind, das Land zu regieren.

Zugegeben, das Land ist schwer regierbar. Das ist leicht zu erklären. Die Parteien haben es selbst schwer regierbar gemacht.

Die politische Klasse lässt unentwegt Stimmungen messen. Das weckt allenfalls den Anschein von Mitbestimmung. Man müsse dem Volk aufs Maul schauen, aber ihm nicht nach dem Mund reden: Der alte Satz von Franz Josef Strauß ist richtig und falsch zugleich. Populismus ist keine Lösung. Gegen die Hälfte der Bevölkerung zu regieren, wie es heute in Deutschland geschieht, aber auch nicht.

Was steht nicht alles im Koalitionsvertrag? »Wir wollen die Entscheidungsfindung verbessern, indem wir neue Formen des Bürgerdialogs wie etwa Bürgerräte nutzen, ohne das Prinzip der Repräsentation aufzugeben. Wir werden Bürgerräte zu konkreten Fragestellungen durch den Bundestag einsetzen und organisieren. Dabei werden wir auf gleichberechtigte Teilhabe achten. Eine Befassung des Bundestages mit den Ergebnissen wird sichergestellt. Das Petitionsverfahren werden wir insgesamt stärken und digitalisieren und die Möglichkeit schaffen, öffentliche Petitionen in Ausschüssen und im Plenum zu beraten.« Bürgerräte, empfohlen von grünen Aktivisten und linken Politikern, sind kein Weg zu mehr direkter Demokratie, sondern nur eine andere Art repräsentativer Demokratie – mit weniger Demokratie. Bürgerräte sind trojanische Pferde. Den Initiatoren geht es darum, parlamentarische Entscheidungen in die gewünschte Richtung zu drücken. Der Bundestag selbst hat beschlossen, den Anschein von Bürgernähe kompliziert zu inszenieren. »Die 160 Teilnehmer werden per Los zufällig ausgewählt. Sie diskutieren mithilfe von neutraler Expertise und neutraler Moderation etwa 40 Stunden lang ein Thema, das vom Deutschen Bundestag vorgegeben wird. Abschließend erarbeiten sie ein Bürgergutachten mit konkreten Empfehlungen für die Politik, die der Deutsche Bundestag im parlamentarischen Prozess aufnehmen kann.« Das hört sich urdemokratisch an, waren doch schon im alten Athen hohe Ämter ausgelost worden. Tatsächlich ist die Auswahl keineswegs frei.

Ein »möglichst umfassendes Abbild der Bevölkerung« ist Illusion, weil paritätische Ausgewogenheit zwischen Geschlechtern, Altersgruppen, Akademikern und Arbeitern, Land- und Stadtbevölkerung usw. durch das Losverfahren nicht annähernd eingelöst werden kann. Es kann niemand dazu gezwungen werden. In den Bürgerräten sitzen deshalb vor allem Leute, die sich zur Verfügung stellen. Und wer wählt die Experten aus, die die Räte beraten? Wie das in der Praxis funktioniert, ist seit der Coronapolitik bekannt. Frei ist die Auswahl auch deshalb nicht, weil politisch keineswegs unabhängige NGOs und Organisationen damit beauftragt wurden, die Bürgerräte zu »betreuen«. Etwa der Fachverband *Mehr Demokratie* und das Institut *ifok,* das zur *Cadmus Group* gehört, dessen Hauptanteilseigner *CI Capital Partners* in den USA sind. Transparenz ist Fehlanzeige.

Bürgerräte dieser Art sind manipulierbar. Sie dienen der vorherbestimmten »guten Sache«. Bundestagspräsidentin Bärbel Bas, eine Sozialdemokratin vom linken Flügel, verrät die Intention, wenn sie sagt: »Unsere Debatten werden immer hitziger geführt. Gerade in den sozialen Medien fallen bei manchen alle Hemmungen. Je derber der Tonfall, desto größer oft die Aufmerksamkeit – und desto lauter der Beifall. Bürgerräte dagegen schaffen einen Raum, in dem sich die Teilnehmerinnen und Teilnehmer respektvoll austauschen können.«
Das ist des Pudels Kern: Hitzige Debatten, wie sie den tatsächlichen Spannungen in der Gesellschaft entsprächen, von vornherein ausgeschlossen. Statt dessen werden pädagogisch betreute Feldgottesdienste der Klimareligion veranstaltet. Damit ist weder der Vertrauenskrise zu begegnen, die davon kommt, dass die Parlamente ihre Kernaufgabe, die Kontrolle der Regierung, vernachlässigen, noch der schweigenden Mehrheit Gehör zu verschaffen. Nicht ohne Grund hat die *Last Generation* vorgeschlagen, einen »Gesellschaftsrat« in Sachen Klimaschutz entscheiden zu lassen, anstelle der Parlamente, die den Klimarebellen nicht radikal genug sind.
Dass Millionen Bürger für die Arbeit in den Parlamenten besser geeignet wären als die meisten hauptamtlichen Parlamentarier, diese Grundidee ist dennoch nicht von der Hand zu weisen. Bestimmte Qualifikationen vorausgesetzt, würden per Los bestimmte, also wirklich freie Abgeordnete nicht schlechter entscheiden als Berufsfunktionäre in der Hand ihrer parteipolitischen Füh-

rungsstäbe. Es leben wahrscheinlich auch Hunderttausende qualifizierter Bürger in Deutschland, die bessere Wirtschafts- oder Außenministers wären als Herr Habeck und Frau Baerbock.

Die repräsentative Demokratie ist nicht direkt genug. Der Schweizer Philosoph Andreas Urs Sommer bringt es in seinem Buch »Eine Demokratie für das 21. Jahrhundert« auf den Punkt: »Die Krise besteht nicht darin, dass wir unserer Mitbestimmung müde geworden wären, sondern darin, dass wir zur Mitbestimmung noch nicht wirklich die Möglichkeit haben.«
Das ist nicht mit ein paar Volksentscheiden getan, bei denen die Parteien Regie führen und über ihre medialen und staatlichen Instrumente Inhalte und Prozedere steuern. Direkte Demokratie bedeutet mehr als Ja und Nein zu bestimmten Projekten.
Von großen Plebisziten phantasieren Populisten, die tun, als hätten sie sich den Volkswillen auf die Fahnen geschrieben. Dahinter steckt immer der verhängnisvolle Glaube an Einheit von Staat und Volk. *Den* Volkswillen aber gibt es nicht, weil es *das* Volk als Einheit nie gegeben hat und nicht geben kann. Linke wie rechte Ideologen haben immer dann das Volkswohl beschworen, wenn sie daran gingen, die Freiheit des Individuums zu verletzen.
Direkte Demokratie kann nur funktionieren, wenn das Volk nicht nur befragt wird, sondern es auch permanent mitdiskutiert. Die Folge wäre: Die Bürger müssten sich intensiv mit den Dingen befassen, über die sie befinden sollen. Volksentscheide sollten nicht der Rechtfertigung von Entscheidungen hauptamtlicher Parteifunktionäre dienen, sondern der Abschluss von Verständigungsprozessen sein.

»Nicht Einheitlichkeit, Geschlossenheit, sondern Verschiedenheit, Individualisierung heischen nach direktpartizipatorischer Demokratie«, so Sommer. Die Schweiz macht vor, wie das geht. Vor solchen Zuständen haben deutsche Parteien Angst, auch die Partei, die einmal von Basisdemokratie geschwärmt hat und heute so staatsautoritär agiert wie keine andere: die Grünen.

Wäre da nur nicht die alte Angst vor dem Chaos. Mathematisch gesehen gibt es kein Chaos, sondern nur Komplexität. Chaos ist ein Gefühl, das diejenigen plagt, die ein hochkomplexes System nicht durchschauen. So ist das auch in der Demokratie. Aus Angst davor, die Leute kämen mit dem Chaos, das die Politik scheinbar erzeugt, nicht klar, reduzieren die Regierungen und Parteien die Komplexität, stellen schwierige Dinge einfacher dar, als sie sind, und muten den Bürgern nur simple Entscheidungen zu: ja oder nein, richtig oder falsch. Am liebsten haben sie die Dinge alternativlos.
Aber leider kann wahre Demokratie so nicht funktionieren. Sie mutet den Bürgern zu wenig zu. Sie stützt sich auf Institutionen, die der Komplexität von Sachfragen so wenig gewachsen sind wie der Meinungsvielfalt und echter Partizipation. Individualisten haben es deshalb in Parteien und Parlamenten schwer. Das ist das Problem. Wahre Demokratie benötigt unabhängige Persönlichkeiten und Politiker, die den Bürgern auch komplexe Entscheidungen zutrauen.

Die Illusion, alles regeln zu können, am besten so, dass es auf einen Bierdeckel passt, ist ein typisch deutsches Ammenmärchen.

Das Verhältnis zwischen Staat und Bürgern kann und muss nicht störungsfrei sein. Niemand von Verstand liebt seinen Staat, allenfalls sein Land. Die Bürokratie führt ein verhängnisvolles Eigenleben, die gewählten Repräsentanten richten sich in ihren Privilegien ein. Sie fühlen sich den Bürgern mehr oder weniger vorgesetzt.

Es gab Zeiten, in denen die meisten Bürger mit der Verteilung von Rechten und Pflichten zwischen Staat und Individuum im Großen und Ganzen einverstandener waren als heute. Die Bonner Republik garantierte innere und äußere Sicherheit, Bildung, Recht, Bahn und Post, Energie und manches mehr. Der Bürger konnte sich darauf im Wesentlichen verlassen und zahlte für diese Leistungen. Die Berliner Republik kann für nichts mehr garantieren. Die Hoffnung ist gering, das ließe sich mit der nächsten Wahl ändern, wie auch immer sie ausgeht.

Bürger und Staat überfordern einander. Das Missverständnis besteht darin: Die Bürger erwarten nicht mehr Staat, doch mehr *vom* Staat. Der Staat mischt sich mehr denn je ins Leben seiner Bürger ein und leistet immer weniger.

Die wachsenden Zweifel am demokratischen System sind messbar. Ein erheblicher Teil der Deutschen will, laut einer repräsentativen Studie des *Rheingold-Instituts,* Entscheidungen nicht mehr der Politik überlassen. Fast die Hälfte der Befragten hätte es lieber, wenn Fachleute das Sagen hätten. Haben sie aus der Coronapolitik nichts gelernt, als Regierungen und Parlamente die überzogenen Maßnahmen mit dem Rat folgsamer Experten begründeten?

Ein erheblicher Teil der Befragten plädiert für mehr Volksabstimmungen, will aber mit Politik möglichst wenig zu schaffen haben. In diesem Widerspruch vermuten Psychologen wie Grünewald den versteckten Wunsch nach Führung.

Einerseits zweifeln immer mehr Wähler an der Lösungskompetenz der Politiker. Andererseits teilt fast die Hälfte der Befragten der *Rheingold*-Untersuchung die Ansicht, dass der normale Bürger gar nicht wissen könne, welche Politik für ihn gut sei. Die meisten Probleme seien zu kompliziert und zu schwer zu durchschauen. Das passt nicht zusammen.

Zwar ist Demokratie, wenn sie funktioniert, ein ständiger Prozess des Aushandelns. Das Bedürfnis nach offenem Aushandeln von Politik unter direkter Einbeziehung der Bürger scheint jedoch eher schwach zu sein. Die Sehnsucht nach Leitfiguren ist umso größer. Rechte Populisten wollen nicht aushandeln, sondern folgen. Die Grünen und Woken wollen erst recht nicht aushandeln, sondern das in ihren Augen Richtige durchgesetzt wissen.

Parteienherrschaft und Berufspolitikertum sind zwei Seiten derselben abgegriffenen Medaille. Die Vertrauenskrise zwischen Parteien und Wählern hängt letztlich am politischen Personal. Politische Talente, die früher »Hoffnungsträger« genannt wurden, sind selten geworden, geblieben ist ein schönes, altes Wort, ausgestorben wie die Hoffnung selbst. Die Parteien bringen sie nicht mehr hervor, denn sie sind für politische Talente nicht mehr attraktiv. Eigensinn ist unerwünscht. Politik schreckt geistig und ökonomisch Eigenständige ab. Wer politisch etwas bewegen will, reibt sich auf. Der Politikerberuf genießt keinen guten Ruf. Die politische Kaste köchelt selbstzufrieden im eigenen Saft. Je schwerer lösbar die Probleme werden, desto ungeduldiger sind die Bürger.

Zu den Deformationserscheinungen unserer Demokratie zählt, dass sich ein politischer Berufsstand entwickelt hat, der überwiegend aus gefallsüchtigen, stromlinienförmigen Besserwissern besteht.

Berufspolitiker sind materiell abhängig von ihrem Mandat oder Amt. Viele drängt es aus finanziellen Gründen in die Politik. Sie streichen in der Politik weit mehr ein, als sie in ihrem erlernten Beruf verdienen würden. Üppige Altersversorgung lässt an Ämtern und Mandaten kleben. Es gibt nicht nur zu viele Berufspolitiker, sondern auch zu viele ohne jede andere Berufserfahrung.

Die meisten Wähler wünschen sich Abgeordnete mit einem Beruf außerhalb der Politik. Laut einer *INSA*-Umfrage im Auftrag von *Bild* favorisierte 2022 deshalb mehr als die Hälfte der Befragten eine andere Form der Bezahlung. Statt gleich hohe Diäten für alle auszuschütten, sollte nur Verdienstausfall, gemessen am Einkommen vor der Wahl, bezahlt werden. Das würde gut verdienenden Leistungsträgern einen Anreiz geben, in die Politik zu wechseln. Studienabbrecher dagegen hätten keinen Vorteil mehr. Doch über Neiddebatten ist dem Parlamentarismus nicht aufzuhelfen. Das Problem reicht tiefer. Warum ist Politik ein Beruf? Wo steht, dass das so sein muss?

Die Axt müsste an das Berufspolitikertum gelegt werden. Die Arbeit in den Landtagen könnten Abgeordnete mühelos an wenigen Tagen im Monat erledigen. Müssten sie sich in normalen Berufen beweisen, wären sie unabhängiger vom Mandat und näher an den Bürgern, die sie repräsentieren.

Berufspolitiker wissen nichts besser. Gut informierte Bürger sind nicht weniger kompetent als sie. Oder glaubt jemand, ein Kinderbuchautor im Amt des Bundeswirtschaftsministers verstünde mehr von Wirtschaft? In der großen Krise zeigt sich, wie wenig es bringt, die Entscheidungen letzten Endes einer Kaste von wenigen Spitzenpolitikern zu überlassen, die bewiesen haben, wie begrenzt ihr Wissen und Können sind.

Die Abschaffung stehender Parlamente mit ausschließlich hauptberuflichen Mitgliedern wäre sinnvoll. Klar, dass die Parteien das ablehnen. Sie sind zu politischen Berufsverbänden verkommen, deren Hauptinteresse in der Verteilung gut dotierter Posten besteht. Das ist bei den einst basisdemokratischen Grünen nicht anders, und selbst die AfD ist bereits auf dem besten Weg dazu.

Mehr direkte Demokratie und weniger Berufspolitiker wäre die Formel einer notwendigen Reform. Ein Einwand lautet: So etwas funktioniert nur in einem kleinen Land wie der Schweiz. Aber nicht die Größe eines Landes ist entscheidend, sondern seine politische Struktur. Politik ist umso demokratischer, je näher sie bei den Bürgern gemacht wird.

Schweres Gift für die Demokratie ist Zentralismus.
Der hierarchisch überlegene Zentralstaat erhebt sich über seine Untergliederungen, die sich in vielerlei Hinsicht besser selbst verwalten könnten und ihre Bürger stärker einbeziehen als der »Bund«.

Aber auch über die Länder, die in der Lage wären, weit eigenständiger die Vielfalt und Unterschiedlichkeit Deutschlands zur Geltung zu bringen.

Im Zentralismus entfernt sich der Staat am weitesten vom Individuum. Die Bundesrepublik Deutschland ist stolz auf ihre föderalistische Ordnung. Doch besteht kein Zweifel, dass das Subsidiaritätsprinzip in der Berliner Republik unter die Räder kommt.

Die zunehmende Machtfülle des Zentralstaats bläht die Ministerialverwaltung auf und steigert die Machtfülle der Berufspolitiker. Doch die Bevölkerung sympathisiert keineswegs mit föderaler Vielfalt, sondern eher mit zentralistischer Einheitlichkeit. Die Covidpolitik hat gezeigt, wie gut es ist, wenn nicht alle nach der Berliner Pfeife tanzen. Dank unterschiedlich regierter Länder ist nicht alles alternativlos. Jede Teilung von Macht ist von Vorteil und stärkt den Diskurs. Deutschland braucht mehr Föderalismus und nicht weniger.

Eine Demokratie kann zerbrechen, wenn sie sich nicht anpasst an die veränderten Herausforderungen und Deformationen entgegenwirkt. Sie kann in den Händen der Berufsdemokraten verkümmern und in den Händen der Bürger, die wegschauen, weghören und stumm bleiben. Der Philosoph Andreas Urs Sommer wünscht sich eine Demokratie, der jeder »selbst als politischer Persönlichkeit Profil geben kann«, ohne von parteipolitischen und ideologischen Vorgaben behindert zu sein.
Ein Auslaufmodell sind Parteien heutiger Bauart. Das hört sich nach Wunschdenken an. Aber entweder wird es einmal Wirklichkeit, oder es wird keine Demokratie mehr geben, die diesen Namen verdient. Sondern nur noch Post-post-Demokratie.

»**Wir wollen mehr Demokratie wagen**«: Der Satz aus der Regierungserklärung von Willy Brandt am 29. Oktober 1969 wurde zum geflügelten Wort. Der Entspannungspolitiker Brandt beabsichtigte auch Entspannung im Inneren der Gesellschaft.
Heute geht die Entwicklung in die umgekehrte Richtung. Eingeschnürt von Moralismus und Wokeness ist die Ber-

liner Republik enger geworden, weniger liberal. Heute wäre Brandts Slogan wieder willkommen, nur mit anderem politischen Vorzeichen.

Im Kulturkampf

Nur gründlich informierte Bürger sind diskursfähig. Es muss noch einiges dazu kommen: Wissen und die Fähigkeit, Wissen einzuordnen, Urteilskraft, und die wiederum bedingt innere Maßstäbe. Das ist alles zusammengenommen weit mehr als nur ein Gefühl und Haltung. Noch einmal: Wenn Bürgerbeteiligung der Revitalisierung der Demokratie dienen soll, sind Bürger nötig, die die dazu nötigen Voraussetzungen mitbringen.

Die Krise der Bildung erscheint damit in einem anderen Licht. Bildung im umfassenden Sinn – der mit den gegenwärtigen Bildungsabschlüssen nicht sehr viel zu tun hat – versetzt den Bürger in die Lage, ohne Anleitung und aus eigenem Antrieb zu denken und zu entscheiden.

Gute Schulen sind deshalb systemrelevant für eine Demokratie, die auf mehr Mitwirkung setzt. Das hat die Schweiz schon zur Einführung der direkten Demokratie auf Bundesebene im 19. Jahrhundert erkannt und ein hochwertiges Schulsystem entwickelt. Direkte Demokratie funktioniert nur mit mündigen Bürgern; mündige Bürger sind aufgeklärte Bürger, aufgeklärte Bürger sind halbwegs gebildet.

Halbwegs gebildete Bürger wiederum sind nicht automatisch geschützt vor politischer Dummheit – eine Erfahrung der Vergangenheit. Aber ohne solide Bildung ist die Fortbildung von Demokratie ein aussichtsloses Unterfangen.

Der Staat, der seine Bürger nicht zu freien Individuen heranbildet, sondern sie durch Nudging, Dauerbelehrung und Propaganda dressiert und manipuliert, legt auf eine umfassende Bildung der Bevölkerung keinen Wert. Man könnte meinen, die Bildungsmisere sei Absicht. Sonst würde sie ja entschieden bekämpft werden. Es ist nicht zu übersehen, dass die Bildungsdefizite ein Einfallstor sind, durch das die linken Kulturkämpfer gegen das Bürgerliche vorrücken.

Ohne die europäische Aufklärung gäbe es weder technologischen Fortschritt noch Demokratie als universalen Wert. Die Woken, die Aufklärung als Kolonialismus stigmatisieren, diffamieren europäische Errungenschaften, die der ganzen Welt gehören. Das ist zwar unsinnig, aus der Logik der Weltverbesserer heraus betrachtet jedoch unvermeidlich. Sie wollen nicht nur die Früchte der Aufklärung – Technik und Freiheit – in Frage stellen, sondern auch die Maßstäbe des Denkens und Handelns. Aufklärung war ein gigantisches Bildungsprojekt. Deshalb soll sie weg.

Die links-grüne Kulturrevolution will auch den geistigen Stromverbrauch drosseln, bedeutet Aufklärung doch Helligkeit – Enlightenment – Helligkeit in den Birnen.

Die Gegenaufklärer der Gegenwart wenden sich gegen ein Menschenbild, in dem das Individuum über dem Kollektiv steht. Die Freiheit des Individuums ist das einzige brauchbare Mittel gegen Duckmäusertum und Konformismus, Zentralismus und Populismus, Rationalität und Funktionärsherrschaft. Der Staat steht gegenwärtig nicht auf der Seite der Individualisten. Er tendiert dazu, den freien Bürger zu bändigen und zu behüten. Das schwächt dessen Widerstandskraft.

Es handelt sich um den vermutlich verhängnisvollsten Teufelskreis: Schlechte Bildung erzeugt unmündige Bürger; mit unmündigen Bürgern schläft Demokratie ein; eine schläfrige Demokratie hat dem Kulturkampf gegen die westliche Lebensform wenig entgegenzusetzen.

Die Bildungsmisere ist seit 2001 aktenkundig. Deutsche Schüler fallen im internationalen Vergleich der Schulleistungsstudie der OECD, bekannter als PISA, zurück, wenn auch nicht in allen Bundesländern gleichermaßen. Ein beängstigend großer Teil der Schulabgänger kann nicht richtig lesen, schreiben und rechnen. Am Ende steht kaum überraschend die Hauptstadt, deren Schulen in einem traurigen Zustand sind.

Das Bildungsniveau war einmal Deutschlands wichtigste Ressource. Das Land lügt sich in die eigene Tasche, wenn es Bildung als Massenware produziert. Wenn mehr als die Hälfte aller Schüler das Abitur erwirbt, die Noten dennoch oder gerade deshalb immer besser werden, die Leistungen immer schwächer. Hochschulreife im Sinne des Wortes garantiert das Abiturzeugnis schon lange nicht mehr. Es fehlen Abertausende in der Logistik, Techniker und Handwerker, ein Mangel, der das Land allmählich lahmlegt, aber auch Erzieher, Lehrer und Ärzte. Dafür spucken die Universitäten Sozialwissenschaftler aus. Die Achtundsechziger haben an Schulen und Universitäten, vor allem in der Schulpolitik, ganze Arbeit geleistet.

All die unsinnigen bildungspolitischen Debatten der vergangenen Jahrzehnte verfehlen diesen unbestreitbaren Befund, auch in einem vermeintlich konservativen Bundesland wie Bayern. Die Renaissance von Bildung – nicht Ausbildung – wäre aus politischer Perspektive die wichtigste Strategie gegen den Angriff auf das Abendland.

Der Niedergang der Bildung trifft mathematische und naturwissenschaftliche Grundkenntnisse. Kein Zufall. Der technische Fortschritt wird – als vermeintliches Instrument der Kolonialisierung und Versklavung, aber auch als Motor des verhassten Kapitalismus – gering geachtet. Grüne Leitfiguren wie Annalena Baerbock prahlen nicht nur mit ihren geringen akademischen Abschlüssen, sondern schwadronieren auch munter über fundamentale Wissenslücken hinweg, ob es um Grundlagen der Elektrotechnik (»Das Netz speichert Strom«) oder um Grundwissen der Mathematik (»360-Grad-Wende«) geht. Ahnungslosigkeit ist kein Handicap bei der Errichtung einer neuen Gesellschaft, sondern Voraussetzung.

Kaum vermittelt wird Geschichte. Gegen ein solides historisches Bewusstsein hätte es Cancel Culture nicht so leicht. Der aus dem angelsächsischen Raum importierte Begriff bezeichnet den Sturz von Denkmälern, die Umbenennung von Straßen, Plätzen und Institutionen. Bislang unbestrittenen Persönlichkeiten der Weltgeschichte wird die Wertschätzung entzogen, Verdienste werden zu Schuld uminterpretiert. Kolumbus muss von seinem Sockel, Bismarck wird aus der Erinnerungskultur des von ihm gegründeten Auswärtigen Amts getilgt. Wozu überhaupt noch Denkmäler, wenn es nicht mehr darauf ankommt, was gewesen ist, sondern nur noch darauf, wie ankommt, was gewesen ist, und ob es Gefühle verletzt oder nicht. Wird Geschichte aus der Perspektive der Gegenwart betrachtet, ist sie keine Wissenschaft mehr, sondern bloß Waffe im Kulturkampf.

Wer zum »globalen Süden« zählt, gehört zum guten, weil unterdrückten Teil der Menschheit. Ein neuer, woker Rassismus richtet sich gegen das weiße Europa. Das ist der Kern der »Critical Race Theory«. Danach sind alle Weißen grundsätzlich Rassisten, also Täter, während Nichtweiße niemals rassistisch sein können, sondern nur Opfer.

Die Folgen dieser Umwertung von Geschichte waren auf der skandalösen Documenta in Kassel 2022 zu besichtigen, wo Kuratoren und Künstler aus dem »globalen Süden« ihren Antisemitismus zur Schau stellten. Sein Kern besteht darin, in Juden fälschlicherweise ausschließlich Weiße zu sehen, sie also dem rassistischen Lager zuzuordnen. Das geht über die übliche Kritik am angeblich kolonialistischen Israel weit hinaus. Mit dem jüdischen Israel, der einzigen offenen Gesellschaft im Orient, wird auch das aufgeklärte Europa bekämpft.

Wer Juden grundsätzlich zu Rassisten stempelt, dem steht die Shoa im Weg. Deshalb wird der Holocaust relativiert. In der offiziellen Holocaust-Gedenkstunde des Deutschen Bundestags im Januar 2023 wurden bisher kaum in Erscheinung getretene Opfergruppen, namentlich die LSBTIQ-Gemeinde (Lesben, Schwule, Bisexuelle, Transgender, intergeschlechtliche und queere Menschen), den sechs Millionen jüdischen Opfern gleichgestellt. Die meisten der heute in den Vordergrund drängenden Geschlechtsidentitäten waren zur Nazizeit noch gar nicht bekannt. Lediglich männliche Homosexuelle wurden verfolgt, wenn auch weit weniger radikal als Juden. Mangelndes Wissen und mangelnde Achtung bedingen einander.

Eine wirksame Waffe der Cancel Culture ist Identitätspolitik. Minderheiten werden auf ihre Opferrolle in der Vergangenheit, auf Hautfarbe, Geschlecht, Sexualität reduziert. Identitätspolitik leugnet die Einzigartigkeit des

Individuums. Das ist absurd, besteht Identität doch aus einem dicken Bündel von Zugehörigkeiten. Alter, Generation, persönliche Interessen, berufliche Erfahrungen, politische Haltungen, familiäre Konstellationen, Bindungen an Landschaft und Heimat spielen in der Summe meist eine größere Rolle als ethnische Merkmale oder geschlechtliche Präferenzen. Der Homo sapiens ist als einziges Lebewesen in der Lage, seine Identität selbst mitzugestalten durch die Wahl seines Berufs, seines Zuhauses, seiner familiären und geistigen Gemeinschaft.

Es ist absurd: Einerseits sorgt die Identitätspolitik sogar für das Recht, das Geschlecht frei auszuwählen und nach Belieben zu ändern, andererseits soll das Individuum die Grenzen seiner Identität nicht überschreiten. Schwule Theaterfiguren dürfen nicht von Heterosexuellen verkörpert werden, Otello soll kein Mohr sein, es sei denn, ein »Mohr« spielt ihn.

Schauspieler dürfen überhaupt niemanden mehr spielen, nur noch sein, was sie sind – nur eben keine Schauspieler, deren Beruf es doch ist, sich fremde Identitäten anzueignen. Wehe, jemand »identifiziert« sich im Fasching mit einem Indianer! Dann verletzt er womöglich die Gefühle indigener Minderheiten im fernen Amerika. Rastafrisuren sind Weißen verboten, auch von Reggae-Musik sollten sie ihre weißen Griffel lassen, sonst machen sie sich der kulturellen Aneignung verdächtig und werden geächtet.

Vergangene Benachteiligung wird durch neue Bevorzugung kompensiert, ein Unrecht soll durch anderes Unrecht gutgemacht werden. Rassismusopfer verwandeln sich ungeniert in Rassisten. »Black Lives Matter« ist natürlich richtig, aber warum soll, wie aus radikalen Kreisen zu hören ist, »All Lives Matter« rassistisch sein?

Auch die Bevorzugung von Frauen wird mit der Benachteiligung von Männern gerechtfertigt. Hochqualifizierte Männer in Wirtschaft, Wissenschaft und im öffentlichen Dienst haben derzeit geringe Chancen gegen halbwegs gleichwertige weibliche Mitbewerber. »Frauenförderungsprogramme« und Quotierungen schaffen neues Unrecht. Von Chancengerechtigkeit keine Spur, eine Ungerechtigkeit wird nur durch die nächste ersetzt.

Es wird konsequent mit zweierlei Maß gemessen. Islamische Frauen genießen die »Freiheit«, Kopftuch zu tragen, und den Männern, die sie unterdrücken, gilt das Verständnis der Woken, denn sie wollen unter keinen Umständen für islamophob gehalten werden. Der Islam zählt nämlich zum »globalen Süden«, kann folglich nur gut sein. Wie Feministinnen damit klar kommen? Gar nicht: Der Feminismus ist gespalten in diejenigen, die für die Gleichstellung der Frauen kämpfen, und die anderen, für die es streng genommen das weibliche Geschlecht gar nicht mehr gibt.

Linke Identitätspolitik verzeichnet das Selbstbild der Gesellschaft. Kaum eine Fernsehserie, kaum ein Reklamespot, in dem es nicht wimmelt von queeren, schwarzen, behinderten Menschen. Gut, dass sie einen Platz bekommen. Doch mittlerweile wird gelegentlich der Eindruck erweckt, als seien normale Weiße nur noch eine Minderheit unter vielen Minderheiten. Dieser Eindruck ist zweifellos erwünscht.

Eine ganz andere Identitätspolitik findet aber auch im rechtsextremen Lager Gefallen. Die identitäre völkische Bewegung geht von einer ethnisch homogenen europäischen Kultur aus und sieht sich vom Islam bedroht. Nicht der Islam bedroht aber Europa, sondern die Naivität der

Europäer gegenüber selbst geschaffenen Parallelgesellschaften. Die der europäischen Aufklärung zu verdankenden Menschenrechte sind unteilbar, und es darf keine Ausnahmeregelung für fundamentalistische Formen der Religionsausübung geben. Es gibt sie aber doch, nämlich in den Köpfen jener, der eigenen Rasse gegenüber rassistischen Weißen.

Wer sich den falschen Narrativen nicht anschließt, wird ausgegrenzt. Altehrwürdige, der Freiheit der Wissenschaft verpflichtete Universitäten unterwerfen sich. Unbescholtene Professoren und Publizisten müssen sich, je nach Bedarf, als rassistisch, kolonialistisch, frauenfeindlich oder transphob beargwöhnen und beschimpfen lassen und werden ausgeladen. Die Berliner Biologin Marie-Luise Vollbrecht, die darauf beharrt, dass es in der Biologie nur zwei Geschlechter gibt, galt an der Humboldt-Universität als Referentin als untragbar. Bestsellerautorin Joanne Rowling werden transphobe Äußerungen unterstellt, sie wird mit Morddrohungen und Boykottaufrufen attackiert. Die Beispiele nehmen kein Ende. Shitstorms gehören zum bösen Spiel. Verlagsprogramme werden gereinigt. Es beginnt mit dem Entzug von Aufmerksamkeit und endet mit Rufmord.

Auch die Verhunzung der Sprache dient dazu, die bürgerliche Lebensform infrage zu stellen. Wer sich an die Regeln der politisch korrekten Sprache nicht gewöhnen mag, wird als vorgestrig und rechts abgestempelt, intellektuell nicht für voll genommen und hat mit massiven Nachteilen am Arbeitsplatz zu rechnen. Die von einer Minderheit betriebene Sprachsäuberung soll die Mehrheit verunsichern, einschüchtern und das Meinungsklima dauerhaft verändern. Das Normale, Richtige soll allmählich dem Abnormalen, Falschen weichen. Die ideologisch motivierte Manipulation der Sprache greift über das Sprachgefühl das Bewusstsein der deutschen Sprachgemeinschaft an.

Eine infame, durchaus wirkungsvolle Methode. Die Mehrheit wird den von Schulen und Medien verbreiteten Unfug irgendwann einmal akzeptieren. Die Gleichgültigkeit gegenüber den gezielten Veränderungen der Alltagskultur könnte sich im Kulturkampf rächen.

Die Woken nehmen sich die Freiheit, die Freiheit der anderen zu diffamieren. Das ist ernst zu nehmen. Weil es nicht bei der Diffamierung bleiben wird.

Wer die Herrschaft über die Natur des Menschen erringt, wird am Ende nicht nur die menschliche Zivilisation transformieren, sondern die Natur selbst gefährden. Deshalb ist es verheerend, wenn Wissenschaft sich missbrauchen lässt, wenn technische Entwicklungen behindert und verboten werden und das Denken falschen Dogmen folgt.

Auf dem Schlachtfeld des Kulturkampfs sind die Medien die Kavallerie, schnell und unberechenbar. Der Journalismus ist ein Kind der Aufklärung. Doch er lässt sich immer wieder missbrauchen. Gegenwärtig zeichnen sich die meisten Massenmedien nicht gerade durch Rationalität aus. Sie emotionalisieren und moralisieren. Dazu neigen sie von jeher. Das erklärt nicht hinreichend, wieso die meisten Journalisten auf der Seite der grünen und woken Transformation stehen. Auf den wichtigsten Feldern der Politik – Energie, Covid, Migration – verweigern sie den Auftrag, grundsätzlich regierungskritisch zu sein.

Das fällt besonders bei den öffentlich-rechtlichen Anstalten auf, die ihr früheres Postulat der Ausgewogenheit aufgegeben haben und auf die grüne Seite gerückt sind, auch dann, wenn alle Intendanten wie beim ZDF mit schwarzem Ticket ins Amt gekommen sind. Die Programmverantwortlichen der Sender sind nicht anders als das Personal auf allen anderen Entscheidungsebenen der Republik von besonders opportunistischer Natur. Sie ließen sich viele Jahre lang von der Merkel-CDU instrumentalisieren – so wie zuvor von der Kohl-CDU. Nur das Ergebnis ist vollkommen anders.

Dazu kommt die gewöhnliche Gefallsucht. Der Glaube, die Quote folge dem Mainstream, erwies sich als Irrtum. Die regierungsnahe, konformistische Haltung der Medien verursachte den Vertrauensverlust, der zusammen mit anderen, ökonomischen Faktoren geradewegs in die Krise führte. Das ist bei den Printmedien nicht anders. Die Mechanismen, die dazu führen, dass die »Leitmedien« in ihren Echokammern der Regierungspolitik nachlaufen, haben auch linke Autoren wie Richard David Precht und Harald Welzer in ihrem Buch *Die Vierte Gewalt* schlüssig beschrieben. Sie kommen zu dem Schluss, es werde »für die Demokratie gefährlich«, wenn »ausgegrenzt und immer unbedarfter abgewertet« werde.

Die Mehrzahl der Fernsehmacher ist nur an ihrer Reichweite interessiert. *Wir amüsieren uns zu Tode*: Der prophetische Titel des Buchs von Neil Postman (1985) trifft mehr denn je zu. Die Verseichtungsspirale der Programme wird von der Schweigespirale gedoppelt. Am sinkenden Bildungsstand der Deutschen haben auch die öffentlich-rechtlichen Medien ihren Anteil. Das gilt auch für Sender selbst. Trotz der Akademisierung des Journalistenberufs fehlt es zunehmend am intellektuellen Niveau von Autoren, Moderatoren und Redaktionsleitern. Bildung hilft in diesem Beruf nicht unbedingt weiter.

Die Behauptung, Wissen sei Macht, ist nicht ganz richtig. Oft genug handeln die Mächtigen wider besseres Wissen. Napoleon ignorierte den russischen Winter nicht aus Unwissen. Er hatte sich nur daran gewöhnt, dass für ihn Gesetze nicht gelten, nicht einmal die Gesetze der Natur. Weil er sich für ein Genie hielt. Weil er die Vorsehung auf seiner Seite glaubte. Weil ihm niemand von Vernunft widersprach.

Ein beeindruckendes Beispiel für diese Konstante der Geschichte bietet Afghanistan. 1839–1842 führten die Briten den ersten Anglo-Afghanischen Krieg, 1878 den zweiten. Sie wollten nicht wissen, was sie wussten, dass sich vor ihnen bereits – wer kennt die Völker, nennt die Namen – Abbasiden, Ghaznawiden, Seldschuken, Ghuriden, Safawiden, Scheibaniden, indische Moguln und Perser die Köpfe blutig gerannt hatten.

Der dritte Anglo-Afghanische Krieg 1919 mündete in der Unabhängigkeit des Landes, was immer das bedeutete, denn es blieb Spielball zwischen russischen und britischen Interessen. 1933 die erste »Demokratie«: Frauenwahlrecht, Pressefreiheit. Bis 1973 die Kommunisten die Macht übernahmen. 1979 marschierten Truppen der Sowjetunion ein, um das Regime zu stützen. Der Westen half den gegnerischen islamischen Mudschahedin. Ein Stellvertreterkrieg mit fragwürdigen Verbündeten.

Die Sowjets erlebten in Afghanistan ihr Vietnam (1992). Verfeindete Milizen, Warlords bekämpften sich. Der Bürgerkrieg mündete 1996 in der ersten Schreckensherrschaft der Taliban. Nach dem Anschlag in New York (2001) sah der Westen nicht länger zu und eroberte das Land am Hindukusch. Das vorläufige Ende ist bekannt. Am 30. August 2021 verließ das letzte US-amerikanische Flugzeug überstürzt den Flughafen Kabul. Die Unterjochung der Afghanen begann von vorn. Immer, wenn sich in Afghanistan etwas änderte, änderte sich alles und nichts – ein verhängnisvolles Perpetuum mobile.

Am Mangel an historischem Wissen kann es also nicht liegen – am Mangel an historischer Bildung durchaus, am Verständnis für Zusammenhänge, die tiefer reichen als das Kurzzeitgedächtnis von Politikern und Journalisten. Oder es sind Wunschdenken und Irrglaube stärker als die Erkenntnis. 1989 glaubte der Westen, er habe den Osten besiegt. Es war naiv anzunehmen, die ganze Welt würde sich freiwillig über kurz oder lang dem westlichen Konzept von Demokratie anschließen. Als der Westen versuchte, Syrien, den Irak, Libyen davon mit Waffengewalt zu überzeugen, erwachte der radikale politische Islam. Er generierte Flüchtlingsströme, die Europa überfluten und überfordern.

Geduldig darauf zu bauen, dass sich das Vernünftige von selbst durchsetzt, wäre naiv. Nichts auf dieser Welt wird automatisch gut.
Anders als der menschliche Körper verfügt die Menschheit über kein Immunsystem. Für das als richtig, wahr und gut Erkannte muss gestritten werden.

Die Mitte ist nicht kampfbereit. Unbeteiligte, vor der Glotze erschlaffte Zuschauer – korrekt hört es sich noch beängstigender an: die Erschlaffenden – empfinden die Zumutungen der grünen Ideologen als lästig, doch sie spüren noch nicht, dass mehr angegriffen wird als ihr Portemonnaie. Wann erkennen sie, dass Wohlstandsverlust, staatliche Gängelung, Sprachverstümmelung und das Moralgedonner aus allen Rohren nicht voneinander zu trennen sind? An Kulturkämpfen ist die Masse der Bevölkerung kaum interessiert. Weil ihnen die Laubenpieperfreiheit genügt, weil sie nur ihre Behaglichkeit verteidigen. Doch private Komfortzonen bieten keinen Schutz mehr.

Ohne Freiheitsliebe ist der Kulturkampf nicht zu bestehen. Der Bürger muss den Angriff auf seine Lebensform persönlich nehmen, statt ihn hinzunehmen und sich einlullen zu lassen von den Beschwichtigungen der Politik.

Er ist von Feinden umzingelt. Von grünen Kulturbolschewisten, von Überzeugungstätern und Neurotikern, bösartigen Gutmenschen, ahnungslosen Besserwissern, unterschätzten Propagandisten und überschätzten Alarmisten, wortgewaltigen Aufwieglern und gewaltig blöden Rechthabern, glaubensstarken Weltverschlechterinnen und unglaublich einfältigen Weltinnenpolitikerinnen.

Vertrauen ist gut, Misstrauen ist besser. Am besten wäre es, den eigenen Verstand zu benutzen – sollte er noch auffindbar sein im Haltungsgetöse.

Und bloß nicht resignieren! Es haben schon zu viele der Rechtschaffenen, Besorgten und Vernünftigen resigniert. Auch aus Angst vor gesellschaftlicher Ächtung, vor unangenehmen, lästigen Auseinandersetzungen. Erst verzichten sie auf Widerspruch, dann passen sie sich an, dann dienen sie sich an.

Zum Beispiel auch dem Gender-Irrsinn. Massenhaft wurden Gender-Lehrstühle geschaffen. Aktuell gibt es an deutschen, österreichischen und Schweizer Hochschulen 223 Professuren für Frauen- und Geschlechterforschung (Gender Studies). Zehn sind mit Männern besetzt.

Denunziation wird staatlich gefördert und damit beispielsweise die linksradikale *Amadeu Antonio Stiftung* beauftragt. Gemeldet werden sollen ihr auch »antifeministische Vorfälle«, die *keine* Straftat sind. Feminismus – nicht etwa im Sinne von Alice Schwarzer, sondern im Sinne der Gendertheorie – wird zur einzigen zulässigen Haltung erhoben. Andere Überzeugungen werden als sexistisch, transphob, misogyn, rassistisch und sogar antisemitisch verunglimpft. In diesem Sinne sind auch diese Zeilen mindestens antifeministisch und sollten gemeldet werden.

Das »Demokratieförderungsgesetz« fördert nicht die Demokratie, sondern »Projekte zur Förderung der Demokratie und zur Stärkung gesellschaftlicher Vielfalt sowie zur Extremismusprävention« (Bundesministerium des Inneren). Das ist leider etwas ganz anderes. Das Geld geht zum größten Teil an Aktivisten des Kulturkampfs, weil alles als demokratiefeindlich gilt, was nicht der linken und grünen Transformation folgt.

Verächtlich erledigt die Söldnertruppe der Radikalen das schmutzige Geschäft und schießt auf alles Bürgerliche, was sich noch bewegt. Natürlich gibt es auch distinguierte Gesellschaftswissenschaftler, die scheinbar unparteiisch und objektiv das bürgerliche Lager vermessen. Eine gewisse Differenzierung nimmt etwa der soziologische Bestseller *Gekränkte Freiheit* von Carolin Amlinger und Oliver Nachtwey vor. Er hat für Liberale und Konservative, die nicht im Mainstream schwimmen, den Begriff »Libertärer Autoritarismus« geprägt. Das ist ein hübsches Paradox.

Libertär kann nur sein, wer nicht autoritär ist, sondern die Freiheit des Individuums hochhält. Die Autoren entdecken im Widerstand gegen den linken Zeitgeist nicht nur »Querdenker«, sondern auch »gefallene Intellektuelle« und »regressive Rebellen«. Das sind gewiss nicht alles Rechte, sondern mehr oder weniger alle, die gegen den links-grünen Zeitgeist ankämpfen. Das Buch wirft ihnen vor, sie seien rücksichtslos und wollten die »Widersprüche des Kapitalismus« nicht anerkennen. Das ist das eigentliche Ziel des Kulturkampfs: die Vernichtung der Marktwirtschaft – mithin die Verabschiedung der Freiheit als Grundlage dieser Gesellschaft.

Die Eliten des Bürgertums neigen dazu, vor dem Zeitgeist zu kapitulieren. Weshalb? Bequemlichkeit, Dekadenz, Resignation? Es gibt womöglich tiefere Gründe.

Werfen wir einen Blick auf die Folge der großen Frustrationen, denen der Mensch im Lauf seiner Geschichte ausgesetzt ist. Es sind narzisstische Kränkungen (ein Begriff, der auf Freud zurückgeht). Doch ist jede Kränkung zugleich die Folge fundamentaler Erkenntnisse. Der Triumph des Erkennens ist von schmerzhafter Selbsterkenntnis nicht zu trennen.

Die kopernikanische Kränkung: Mit dem Wissen, dass sich das Universum nicht um die Erde dreht, erkennt der Mensch, dass er nicht im Mittelpunkt der Schöpfung steht.

Die darwinistische Kränkung: Der Homo sapiens ist nur ein Tier, eine Art der Gattung Homo aus der Familie der Menschenaffen in der Ordnung der Primaten. Ein höheres Säugetier, allerdings das einzige, das dazu in der Lage ist, seine Stellung in der Biologie selbst zu bestimmen. Es kam mit der Evolution und wird wie alle anderen Lebewesen gehen.

Die freudianische Kränkung: Nicht einmal Herr im eigenen Haus ist der Mensch, sondern Sklave seiner Triebe. Der freie Wille ist Einbildung. Neurobiologisch gesehen gibt es weder Seele noch Moral, sondern nur Bedürfnisse, die auf molekulare Prozesse zurückzuführen sind. Damit schafft der Mensch auch den Teufel ab – umso schwerer tut er sich mit dem Bösen.

Die digitale Kränkung: Der Mensch versteht es, selbstdenkende Maschinen zu erschaffen. Er ist damit Schöpfer einer zweiten, technischen Evolution und muss zugleich fürchten, dass ihm seine eigenen Geschöpfe über den Kopf wachsen.

Die extraterrestrische Kränkung: Vor kurzem erst wurden Planeten außerhalb des Sonnensystems entdeckt. Der Mensch muss davon ausgehen, dass im Universum unzählbar viele Planeten existieren, auf denen Leben möglich ist. Es ist nur eine Frage der Zeit, bis außerirdisches Leben nachgewiesen werden kann.

Als ob das noch nicht genug Kränkungen wären, fügt sich der Mensch gerade eine weitere zu. Er redet sich ein, auf dem Planeten Erde nur noch geduldet zu sein. Er beginnt, seine eigene Natur zu verachten. Er klagt sich als Verschwender, Ausbeuter und Zerstörer der Natur und der empfindlichen Erdatmosphäre an. Aber »keine Gesellschaft kann überleben, wenn sie ihre Existenz beklagt«, stellt der französische Philosoph Pascal Bruckner fest. Zu Ende gedacht, kann der Selbstverdammung nur der kollektive Selbstmord folgen: die Götterdämmerung. In der überbevölkerten Welt sieht sich der Mensch durch seine eigene Existenz bedroht. Es ist die schlimmste von allen narzisstischen Kränkungen. Radikale Feinde der Zivilisation glauben, dass es angesichts von bald zehn Milliarden Menschen nicht mehr sinnvoll sei, Nachwuchs zu zeugen und an der Verlängerung menschlichen Lebens zu arbeiten. Das Streben nach einem guten Leben hat als Lebenszweck ausgedient. Wenn der Mensch ein Schädling ist, gibt es kein gutes Leben mehr. Damit erweist sich die grüne Furcht vor dem menschengemachten Untergang des Planeten als Autoimmunkrankheit.

Die vermeintliche Aussichtslosigkeit färbt die Befindlichkeit des Bürgers dunkel ein und beschädigt sein Selbstbewusstsein.

Das Bürgertum sollte sich nicht als Patientenkollektiv verstehen. Nur der Mensch ist dazu fähig, seine natürlichen Grenzen zu sprengen. Der Homo sapiens ist die einzige Spezies, der Freiheit gegeben ist. Das hat ihn zum Homo Faber und zum Homo oeconomicus gemacht. Warum verachtet er, was ihn auszeichnet und heraushebt?

Es sind die Früchte der Freiheit, die allein den Menschen immer wieder in die Lage versetzten, sich am eigenen Schopf aus dem Sumpf zu ziehen.

Vor den negativen Folgen der Überbevölkerung kann die Welt nur von Wissenschaft, Technologie und prosperierender Wirtschaft bewahrt werden. Die Alternative wären Hunger, Armut, Elend, Krieg – genau das, was die Klimaapokalyptiker vorhersagen.

Deshalb muss sich der rationale Mensch im Kulturkampf gegen die Irrationalen zur Wehr setzen. Es geht auch aus bürgerlicher Sicht um das Überleben der Menschheit.

Die Bewahrung der Natur ist ein zutiefst konservatives Anliegen. Die politische Ökologie der Grünen zielt dagegen auf radikale Veränderung. Sie verachtet die Verbundenheit des Menschen mit seiner Landschaft, mit Heimat, mit Tradition und Kultur. Die Grünen ergreifen nur scheinbar Partei für das Bewahrenswerte.

Die französische Philosophin Bérénice Levet attackiert in ihrem Buch »L'écologie ou l'ivresse de la table rase« (Paris 2022) die totalitären Energien dieser politischen Bewegung. Ihr Vorwurf: Absicht der Aktivisten und NGOs ist nicht der Erhalt der Natur, sondern die Entwestlichung der Welt.

Die Natur kann nicht bewahrt werden ohne die Errungenschaften der Zivilisation. Dass an diese Binsenweisheit erinnert werden muss, zeigt die Perversion des Kulturkampfs. Wer die Natur erhalten will, die in einer übervölkerten Welt überwiegend Kulturlandschaft sein muss, benötigt das Beste, das westliche Zivilisation hervorgebracht hat. Levet: »Man kann nicht behaupten, sich um die Natur zu kümmern und gleichzeitig das Erbe der Jahrhunderte mit Füßen treten.« (Interview *Welt*, 26.8.22). Die scheinbare Bescheidenheit der militanten Ökologen gegenüber der Natur entpuppt sich als Hybris.

Der Anspruch, die Welt zu retten, ist totalitär. Sie behaupten, Klimaregulierung sei wichtiger als Demokratie. Mit diesem Argument führt die Klimaideologie geradewegs in die Ökodiktatur.

Es verwundert auch nicht, dass die Fundamentalisten keinen Sinn für bürgerliche Naturromantik entwickeln – und damit für konservativen Naturschutz. Für den sinnlichen Genuss von Natur haben sie nur Spott übrig. Die Windradverspargelung stört sie nicht, weder die Gefahr für Vögel noch das zerstörte Landschaftsbild bedeuten ihnen irgendetwas. Die Verantwortung für das Klima aber lässt sich nicht trennen von der Verantwortung für die Natur, und die ist nicht zu trennen von der Verantwortung für die Zivilisation.

Die unverbesserlichen Menschheitsverbesserer nehmen sich furchtbar wichtig. Schwer tragen sie am Zustand der Welt und schwer an sich. Die totalitären Naturayatollahs sind total humorlos. Selten war das Diskursklima so verkrampft und geistlos. Denn »wer lacht, steht im Verdacht, dass er aus Gründen lacht«, wie es in einem Gedicht von Günter Grass so schön heißt.

So kalauern sich selbst die meisten TV-Comedians kraft- und saftlos an den Zäumen der Korrektheit entlang und fahren Tretboot auf dem Mainstream. Auf Unberechenbarkeit im Kulturkampf bedachte Abweichler (Lisa Eckardt, Dieter Nuhr) sind mindestens umstritten, während Scharfrichter Jan Böhmermann als investigativer Journalist maskiert verunglimpft statt geistvoll verspottet, und das ZDF nicht mehr richtig tickt.

Den Bürgerlichen fehlen solche Dreckschleudern. Sie halten sich noch immer an die demokratischen Regeln. »Unkorrekten« Witz stellen die Woken unter die Strafe der Ächtung. Doch sollten auch die Bürgerlichen die Wirksamkeit der leichten Kavallerie nicht unterschätzen: Scherz, Satire, Spott und Ironie sind von tieferer Bedeutung im Häuserkampf. Witz ist die Schwester des Zorns.

Freiheitsverächter haben verdient, dass man sie verächtlich macht. Es hat schon seinen Grund, dass der Verfassungsschutz die »Verächtlichmachung« des Staats beobachtet.

Dieser 2021 kreierte »Phänomenbereich«, die »Verfassungsschutzrelevante Delegitimierung des Staates«, entdeckt Verfassungsfeinde auch in der Mitte der bürgerlichen Gesellschaft. Denn das Kölner Amt setzt Kritik an der Regierung und den sie tragenden Kräften mit der Ablehnung der demokratischen Ordnung gleich.

Was für ein Freiheitsverständnis der Freiheitsschützer! Ohne ständige, auch scharfe Kritik ist Demokratie nichts wert. Der verfassungsskeptische Verfassungsschutz stellt in seinem Bericht fest: »Diese Form der Delegitimierung erfolgt meist nicht durch eine unmittelbare Infragestellung der Demokratie als solche, sondern über eine ständige Agitation gegen und Verächtlichmachung von demokratisch legitimierten Repräsentantinnen und Repräsentanten sowie Institutionen des Staates und ihrer Entscheidungen.«

Im Kaiserreich wurde das Delikt Majestätsbeleidigung genannt. Es ist nicht nur zulässig, sondern manchmal auch geboten, das Vertrauen in den Staat zu erschüttern. Zum Beispiel dann, wenn der Staat das Vertrauen der Bürger durch haltlose Maßnahmen gegen die Covidpandemie verliert, oder wenn die Folgen einer verpfuschten Energiewende den Bürger enteignen, oder mit dem tödlichen Versagen an der Ahr, oder mit der Unfähigkeit, eine funktionierende Armee zu unterhalten. Oder, oder, oder.

Die Demokratie verächtlich macht das Bundesamt, wenn es nicht Freiheit verteidigt, sondern Opposition als Agitation diffamiert. Dass sich kein Sturm der Entrüstung dagegen erhebt, sondern selbst die Oppositionsparteien CDU und CSU sowie die meisten Medien den durchschaubaren »Kampf gegen Rechts« als Kampf gegen alles, was nicht links sein will, begrüßen, ist alles andere als beruhigend. Was den Regierenden nicht passt, wird als »rechts« abgetan und als »Extremismus der Mitte« beklagt. Am liebsten auch verklagt. Auch das Bundesamt für Verfassungsschutz steht in den Reihen der Kulturkämpfer gegen die bürgerliche Mitte.

Nach der Logik der Verfassungsschützer ist ein Demokrat nur der, der schweigt, und nur der ein Patriot, der sich mit der Dekonstruktion der freiheitlichen Gesellschaft abfindet. Diese Auffassung setzt den Staat prinzipiell ins Recht und den Bürger ins Unrecht.

Demokratie ist immer in Gefahr. Die einen sehen sie in Gefahr gebracht durch den übergriffigen Staat. Die anderen sehen die Demokratie in Gefahr durch »Delegitimierung«, also Kritik. Demokratie ohne Kritik, ohne Infragestellung, ist keine Demokratie. Demokratie ist nur als ständiger Versuch möglich, Irrtümer eingeschlossen. Deshalb ist Demokratie so beschwerlich.

Wer die Freiheit beschneiden will, muss nicht die Demokratie abschaffen. Die größte Bedrohung der Demokratie geht von Demokraten aus. Sie benutzen und missbrauchen Demokratie in undemokratischer Absicht. Wenn das nicht helfen sollte, haben sie mit Demokratie gar nichts mehr am Hut. Dann geht das Klima vor.

Kulturrevolution in Deutschland. Den Klimaaktivisten, den Grünen, den Woken geht es weniger um das Wohl des Landes oder das Wohl des Planeten. Sie und ihre ideologischen Gesinnungsgenossen in und außerhalb regierender Parteien fühlen sich in Wahrheit nicht als *Last Generation*, sondern als erste Generation einer neuen Gesellschaft.

Sie ist nicht zu verwechseln mit der *lost* Generation, die den Preis dafür bezahlen soll. Die Bürgerlichen von heute dürfen nicht widerstandslos zulassen, dass sie die letzte Generation sind, die in Deutschland gut und gern gelebt hat.

Ungehorsam ist die erste Bürgerpflicht

Als im Biergarten ein Mann nach der zweiten oder dritten Maß lautstark zur Revolution aufrief, hoben sich gleich mehrere Daumen. »Wer soll denn den Laden übernehmen?« fragte ein Mann am Nachbartisch. »Wollen Sie es tun? Oder fällt Ihnen sonst jemand ein?«

Das Geschrei in allen Lüften schwillt an. Dem Bürger fliegt vom spitzen Kopf der Hut. Nur dem Wutbürger? Der vorausgesagte Wutwinter fiel zwar wegen Klimaerwärmung aus. Freuen wir uns nicht zu früh! Der nächste Winter kommt bestimmt.

Verschanzen Sie sich nicht in Ihre Schutzräume, in denen Sie Kopfhörer aufsetzen, gute Musik hören und gute Bücher lesen! Kommen Sie heraus und machen Sie sich bemerkbar! Wenn es viele tun, wird es seine Wirkung nicht verfehlen. Cocooning und Landlust: why not. Aber kein Ersatz für das, was notwendig ist.
Wer nicht will, dass sich alles ändert, muss sich selbst ändern. Wer nicht will, dass eine Minderheit die Mehrheit politisch übertönt, muss seine eigene Stimme erheben.
Die Verteidigung der eigenen Kultur ist Häuserkampf, alltäglicher Nahkampf. Wie ist er zu führen? Nicht in Deckung gehen, sondern zurückschießen! Widersprechen: in der Kantine, in der Kneipe, beim Fernsehen mit

anderen, am Arbeitsplatz. Nicht weghören, sondern wach bleiben gegenüber den Zumutungen der Woken. Nicht aus Bequemlichkeit Verständnis vortäuschen. Furchtlos bleiben. Auch nicht aus Angst vor falschem Beifall zurückhalten, was zu sagen ist.

Mit mir nicht! Damit fängt es notwendigerweise an. Verweigerung ist der erste Schritt des Widerstands. Anpassung dagegen ist der erste Schritt der Unterwerfung. Wer sich über die Genderei ärgert, sollte sich nicht selbst dazu nötigen lassen. Akzeptieren Sie keine gegenderten Schriftstücke. Lesen Sie auch keine gegenderten Zeitungen, Bücher, Online-Angebote! Kaufen Sie nichts, was mit politischen Bekenntnissen versehen angepriesen wird.
Meiden Sie Theater, deren Produktionen der Critical Race Theory, der Cancel Culture und der Gendertheorie folgen.

Beschweren Sie sich, wenn Sie sich beschwert fühlen! Würden sich Tausende beschweren, wäre manches nicht mehr der Fall. Zum Beispiel das Gendern in Behörden, Firmen, Medien. Ausgerechnet Kulturinstitutionen sind besetzt von sprachlicher Unkultur. Beschweren Sie sich! Beschweren Sie sich bei den öffentlich-rechtlichen Sendern, und zwar immer gleich beim Rundfunkrat! Das bringt, ich weiß es aus Erfahrung, den Verursachern der Beschwerde Arbeit und oft auch Ärger ein. Beschweren Sie sich über alles, was Sie beschwert: Bahn, dysfunktionale Flughäfen, Behörden. Die nicht woke Mitte kann Druck erzeugen. Sie muss es nur tun.

Ignorieren Sie Verhaltensempfehlungen! Essen Sie so viel Fleisch, wie Sie wollen, so viel Schokolade, wie Ihnen bekommt, so viel Fett, wie Ihnen schmeckt. Lassen Sie sich kein E-Auto aufschwatzen! Fliegen Sie um die Welt, solange es noch möglich ist. Stellen Sie Ihre Ohren auf Durchzug!

Nutzen Sie Möglichkeiten, Verbote und Gebote zu missachten, solange Sie damit nicht sich und andere gefährden. Gehen Sie nicht nur bei Grün über die Straße, aber schauen Sie vorher nach rechts und links. Was das bringt? Das gute Gefühl, der eigenen Vernunft zu folgen statt nur der sturen Regel. In der Covidzeit waren Verstöße gegen den Verbots-Irrsinn die einzig mögliche Gegenwehr. Trainieren Sie kreativ Ihre Lust auf zivilen Ungehorsam.

Gleiches Recht für alle! »Es ist absolut legitim, für seine Anliegen zu demonstrieren und dabei auch Formen des zivilen Ungehorsams zu nutzen«, sagte Bundesumweltministerin Steffi Lemke von den Grünen. Warum soll das nur für die Klimakleber gelten?

Werden Sie zu bürgerlichen Aktivisten! Schlagen Sie die radikalen Linken mit ihren eigenen Waffen. Legen Sie zum Beispiel mit konzertierten Aktionen die antifeministische Denunziantenmeldestelle lahm. Boykottieren Sie die Boykotteure! Seien Sie lästig und unbequem! Es könnte dann auch für Sie selbst unbequem werden. Das halten Sie aus.

Früher nannte man es Zivilcourage. Wo bleibt die Zivilcourage gegenüber der antibürgerlichen »Zivilgesellschaft«?

Der Kampf ist noch nicht verloren, aber noch lange nicht gewonnen. Geben Sie auf dem Schlachtfeld keinen Meter preis. Der Bürgerliche will nett sein, tolerant, verträglich und sich nicht schmutzig machen – es sind seine Tugenden. Dieser Kampf ist aber nicht mit gezogenem Scheitel zu gewinnen. Toleranz ist auf diesem Schlachtfeld tödlich.

Die Bürgerlichen, die sich zur Wehr setzen, spüren, dass sie keine Minderheit sind, sondern nur von anderen Minderheiten, die noch die Diskurshoheit genießen, übergangen, verunsichert und verängstigt werden. Die bürgerliche Mehrheit muss ihre Vorherrschaft zurückgewinnen wollen.

Das ist sie nicht gewohnt. Deshalb muss sie sich, allen individualistischen Neigungen zum Trotz, als Interessengemeinschaft empfinden. Gleichgesinnte sollten sich solidarisieren mit jenen, die in Shitstorms und Schlimmeres geraten.

Vergessen Sie, dass bürgerlicher Protest in die Nähe des Rechtsradikalismus gerückt wird. Liberale und Konservative versuchen, der Kontaktschuld zu entgehen. Sie meiden jedes Wort, das sie in die Nähe der Unberührbaren rücken könnte. In den Parlamenten werden vernünftige Vorschläge verworfen, wenn die Gefahr besteht, die AfD könnte sich ihnen anschließen. Diese Methode funktioniert zwar überall, doch immer weniger. »Das klingt nach AfD« ist ein Totschlagargument, das sich abnutzt. Sich von Kontaktschuld nicht einschüchtern zu lassen, ist leichter gesagt als getan, aber notwendig.

Die Feinde der offenen Gesellschaft bedienen sich gern auch der Sozialwissenschaften, wenn es darum geht, ihre bürgerlichen Gegner zu diffamieren und sie als gekränkte und gescheiterte Verlierer der Zeitenwende zu verspotten. In der erprobten Art von Zwangsregimen werden sie für geistig krank erklärt. Die Medien schließen sich in großem Stil an. So ist Narzissmus zum großen Modethema geworden. Überall werden toxische Narzissten aufgespürt, vor allem natürlich unter alten, weißen Männern. Mit dem Verdikt Narzissmus wird das natürliche Streben nach individuellem Glück (pursuit of hapiness, das Grundrecht, das in der amerikanischen Verfassung steht) verunglimpft und verfälscht und das Elend der Konformität zur Konvention erhoben.

Dem Nonkonformisten wird eine gestörte Persönlichkeit unterstellt. Als »Konsensleugner« bezeichnen etwa die Schweizer Soziologen Carolin Amlinger und Oliver Nachtwey die Bürgerlichen in ihrem Buch *Gekränkte Freiheit*. Zum abnormalen Abweichler wird auch der, der wie die Mehrheit denkt – nur, dass eben eine Minderheit die öffentliche Debatte dominiert. In den Augen dieser »Wissenschaftler« besitzt der »Konsensleugner« eine gestörte Persönlichkeit, weil er an Werten festhält, die die Soziologen als »Tyrannei der Leistung« und »negative Individualisierung« verurteilen. Untertitel der stark beachteten Abrechnung mit der westlichen Zivilisation: »Aspekte des libertären Autoritarismus«.

Das antiautoritäre Denken der um ihre Freiheit fürchtenden Bürger wird von denen als autoritär gebrandmarkt, die aus ihrer linken, antiautoritären Tradition herausgerückt sind – also den eigentlich Verrückten. Die Bürger, die »grollen« und »murren« und zuweilen »trotzig«

auf berechtigten Protest bestehen, sind den ausgesprochen autoritären links-grünen Fanatikern suspekt. Die beiden Wissenschaftler geben dankenswerterweise die Theorie eines neuen faschistoiden Denkens preis. Es ist nur noch ein kleiner Schritt bis zur Kriminalisierung der Bürgerlichen als Feinde der Gesellschaft.

Auf einen Erlöser zu warten, wäre sinnlos. Erlöser sind von Natur aus autoritär, nicht liberal. Moses war ein moralistischer Tyrann. Er wütete und tötete, als er sein auserwähltes Volk um das Goldene Kalb tanzen sah. Erlösen kann sich das Volk nur selbst.

Immer haben Sie bei Wahlen die kleineren Übel angekreuzt. Was, wenn es keine kleinen Übel mehr gibt, sondern nur noch ein großes, an dem alle Parteien ihren Anteil haben? Wenn es am Ende egal ist, was Sie wählen, weil sowieso die Grünen regieren, egal mit wem, egal ob an der Regierung oder nicht? Es ist doch nicht egal, wie die Wiederholungswahl in Berlin beweist.

Nicht zu wählen ist keine Alternative. In der Bonner Republik blieb etwa jeder achte Wahlberechtigte der Stimmabgabe fern, in der Berliner Republik jeder vierte. Die Zahl der Nichtwähler ist größer als die Zahl der Stimmen für jede Partei. Nichtwähler sind aber nicht die »größte Partei«; sie sind gar keine Partei. Sie spielen keine Rolle. Ob Sie aus Gleichgültigkeit nicht wählen oder aus Missmut, macht keinen Unterschied. Die Parteien lassen sich in ihrer Selbstgefälligkeit nicht beirren und scheren sich nicht um die unheimliche Mehrheit. Stellt euch vor, es sind Wahlen, und keiner geht hin! Klingt gut, ist jedoch allenfalls ein Traum.

Auch wenn es so aussieht, als gäbe es kein Besserso, auf keinen Fall das Weiterso wählen! Keine Partei sollte sich sicher fühlen. Stimmen Sie grundsätzlich für Oppositionsparteien!

Auch wenn Sie glauben, dass ein Wechsel nicht viel bringt, sollten Sie den Regierenden größtmöglichen Schaden zufügen.

Nichts scheint die Parteien mehr zu elektrisieren und zu bewegen als die hohen Umfragezahlen für die AfD. Überwiegend bedeuten sie nicht Zustimmung als vielmehr Ablehnung der Politik der anderen, etablierten Parteien, die als gegen die Interessen der Mehrheit der Bevölkerung gerichtet wahrgenommen wird.

Die Alternative ist keine Alternative. Solange mit ihr niemand koalieren mag, sind alle AfD-Stimmen verloren. Nein, sind sie nicht! Im Gegensatz zur Partei der Nichtwähler sitzt die AfD in den Parlamenten und beeinflusst die Mehrheitsverhältnisse. Das bedeutet: Weil keine andere Partei mit der AfD koaliert, trägt jede Stimme für die AfD dazu bei, dass mit den Grünen koaliert wird.

Die AfD ist in den östlichen Bundesländern stärkste politische Kraft, nicht obwohl, sondern weil sie für unberührbar erklärt wird. Zunehmend verbreitet ist die Auffassung, der »Bedrohung von Rechts« sei am besten mit einem Verbot der Partei beizukommen. Ihre Wähler kann niemand verbieten.

Die Entschlossenheit aller Parteien, die AfD vom demokratischen Spiel auszuschließen, führt dazu, dass ohne eine links-grüne Partei keine Koalition mehr gebildet werden kann.

Das Naheliegende ist bisher nicht gelungen. Für eine neue Partei wäre zwischen Unionsparteien und AfD reichlich Platz. Eine Partei zu gründen ist leicht, sie aufzubauen und erfolgreich zu machen ungemein schwer. Leidenschaft ist wichtig, Erfahrung noch wichtiger. Eine vielgliedrige Organisation aufzubauen dauert lange, erfordert Geduld, Personal mit entsprechenden Fähigkeiten und eine Menge Geld.

In den Neunzigerjahren war die Hamburger *STATT Partei* aus Protest gegen die schon damals grassierende Parteienverdrossenheit auf Anhieb ins Parlament und sogar mit in die Landesregierung gekommen, am bundesweiten Anspruch jedoch gescheitert und in Vergessenheit geraten. Ganz aussichtslos wäre die Gründung einer neuen Partei der bürgerlichen Mitte nicht. In der Gründungsphase befindet sich das *Bündnis Deutschland*. Die Erfahrung zeigt, dass neue Parteien den Zulauf von Mitgliedern, die nicht willkommen sind, kaum verhindern können. Die AfD, die als euroskeptische »Professorenpartei« startete und als nationalistische »Proletenpartei« endete, ist dafür der beste Beweis.

Erfolgreiche neue Parteien sind in der Regel Abspaltungen. Der SPD ging gleich zweimal ein Teil des linken Flügels verloren. Erst trennten sich die Grünen, 2004 entstand die *Wahlalternative Arbeit und soziale Gerechtigkeit* (WASG), die maßgeblich unter Führung des früheren SPD-Vorsitzenden Oskar Lafontaine mit der postkommunistischen PDS zur Linkspartei verschmolz.

Der Versuch von Sahra Wagenknecht, 2018 eine linke Sammlungsbewegung unter dem Namen *aufstehen* zu bilden, die starke Anziehungskraft auch auf heimatlos gewordene Konservative ausübte, schien vielversprechend.

Vorbild war die französische Gelbwestenbewegung. Der Versuch war nach einem Jahr bereits gescheitert, noch bevor sich die Bewegung als Partei organisiert hatte. Ein neuer Anlauf ist nicht ausgeschlossen. Die neue Partei würde der AfD und der Linken zu schaffen machen. So leicht auszugrenzen wie die AfD wäre sie nicht. Sie wäre eine unberechenbare Protestpartei.

In anderen Ländern Europas hat sich der Typus der Bewegung, die sich um Persönlichkeiten sammelt, längst durchgesetzt. Emanuel Macron gründete nur ein Jahr vor der Präsidentschaftswahl 2017, in der er als unabhängiger Kandidat auftrat, die Bewegung *En Marche*. Auch Le Pens rechte Partei versteht sich als Bewegung *Rassemblement National*. Ähnlich in Italien: Die heute die Politik bestimmenden neuen Parteien starteten nach dem Zusammenbruch der etablierten Parteien als Sammlungsbewegungen. Unbestreitbar suchen auch in Deutschland verdrossene Bürger nicht nur neue Möglichkeiten zum Wählen, sondern auch neue Formen der politischen Mitwirkung.

Schwerer als eine Neugründung, doch nachhaltiger und wirkungsvoller wäre es, bestehende Parteien zu verändern. Es hat schon einmal geklappt. Achtundsechziger unterwanderten einst die SPD, die sich als verblüffend wehrlos erwies, und drückten sie nach links. Sie eroberten Ortsvereine, besetzten Posten, stiegen in gut organisierten Seilschaften rasch auf.

Nicht nur in die SPD sickerten die Achtundsechziger ein, sondern auch in das Bildungssystem, in die Kulturszene, in die Medien – mit schlagendem Erfolg. Vor mehr als einem halben Jahrhundert begann der Marsch durch die Institutionen.

»Wir sind nur eine kleine, radikale Minderheit«, hatten Studenten auf den Straßen skandiert. Schnell wurde daraus eine größere Minderheit, kaum weniger radikal, aber geschickt, machtbewusst und erfolgreich. Die antikapitalistische Linke fasste als Antikernkraft- und Friedensbewegung Fuß, modelte die SPD um und bald die ganze Gesellschaft.

Es hört sich verwegen und äußerst optimistisch an. Aber die Grünen könnten mit ähnlichen Methoden von innen heraus verändert werden wie einst die SPD. Die innerparteiliche Demokratie macht es möglich. Die Grünen entschärfen können nur die, die schon drin sind oder eintreten und sich mit den letzten wahren Realos verbünden.

Der Marsch durch die Institutionen sollte wiederholt werden, nur unter anderen Vorzeichen. Voraussetzung dafür wäre, dass Bürger sich politisieren. Das ist eine Illusion, wenn auch eine schöne.

Die Situation ist nicht zu vergleichen. Die Achtundsechziger gehörten nicht nur einer Generation an, sondern auch einem gemeinsamen akademischen Milieu, und sie waren gut organisiert. Das sind engagierte liberale Bürger nicht.

Auch hatten die Achtundsechziger Erfolg, weil sie unterschätzt wurden. Die Bürger der Bonner Republik waren trotz Radikalenerlass nicht sonderlich beunruhigt vom Marsch durch die Institutionen. Ihre ganze Aufmerksamkeit wurde vom Terrorismus der RAF als der vermeintlich größeren Gefahr abgelenkt.

Die Erben der Achtundsechziger haben dagegen den liberal-konservativen Feind klar im Blick; sie führen gegen ihn einen Kulturkampf.

»Macht kaputt, was euch kaputt macht!«, riefen die Studenten damals. Warum sollte sich die bedrohten Bür-

gerlichen diese Parole nicht zu eigen machen? Das ist
kein Aufruf zu Gewalt, sondern dazu, sich zur Wehr zu
setzen. Viele Konservative geben den Achtundsechzigern
dafür die Schuld, dass sie die Diskurshoheit verloren haben. Das ist allzu bequem. Wichtiger wäre, von den Achtundsechzigern zu lernen.

In schallendes Gelächter hätte nach Lage der Dinge eine
halbwegs entspannte politische Klasse ausbrechen müssen, als Anfang Dezember 2022 ein Häuflein politisch
Verwirrter unter Führung des Prinzen Heinrich XIII.
Reuß dingfest gemacht wurde, angeblich entschlossen
zum Staatsstreich. Dreitausend Polizisten agierten in der
bislang größten Antiterroroperation der Republik vor
rechtzeitig bestellten Kameras. Den wenigen Dutzend
Aufrührern wäre ohne Weiteres zuzutrauen gewesen, ins
Allerheiligste, ins Reichstagsgebäude einzudringen und
womöglich die eine oder andere Abgeordnete zu erschrecken.
Die Demokratie aber war nicht im Geringsten bedroht.
Die in Sondersendungen gefeierte Rettungstat beendete
einen Operettenputsch und gab der Innenministerin Ge-
legenheit, tief in den »Abgrund einer terroristischen Bedrohung aus dem Reichsbürger-Milieu« zu blicken. An
dem Tag, an dem die Ampelkoalition ihren ersten freud-
losen Geburtstag beging, sollte die rechte Gefahr ablen-
ken von der bitteren Bilanz der Regierenden. Die betei-
ligten Behörden ließen sich missbrauchen für Propaganda
der untauglichen Nancy Faeser. Rechter Extremismus
sollte nicht unterschätzt werden. Doch die Übertreibung
der Gefahr diente nur dazu, den Kulturkampf gegen die
bürgerliche Lebensform zu rechtfertigen.

Mehr Unruhe tut not. Wenn der Staat ihre Interessen verletzt, sollten die Bürgerlichen ihren Verdruss auf die Straße bringen und sich nicht die Diskussion aufzwingen lassen, welcher Protest angemessen ist. Sie sollten ihn auch nicht abblasen, wenn Rechtsradikale sich andocken. Niemand kann das verhindern.

Der Staat versucht Demonstrationen ins Zwielicht zu rücken. Wie könnte sich bürgerlicher Protest abgrenzen? Durch Verstummen: So hätten es die Hüter der Schafe und Verteidiger der Wölfe gern. Weil sonst die Extremisten »leichtes Spiel« haben. So warnte der Präsident des sächsischen Verfassungsschutzes Dirk-Martin Christian vor einer »Radikalisierung« der Proteste. »Die Mitte der Gesellschaft wird brüchig«. Das ist Unsinn. Die Mitte der Gesellschaft wird selbst in Sachsen nicht brüchig, sondern nur ungeduldiger, zorniger als im Westen. Bei den *Fridays-for-Future-* und *Last-Generation-*Protesten schaut der Verfassungsschutz auch nicht so genau hin, welche linksradikalen Antifagruppen sich anschließen.

Die Themen der Proteste »sind austauschbar, sie müssen nur das persönliche Leben erfassen«, beklagte der Verfassungsschützer. Ja, was denn sonst! Der Versuch, demonstrierende Bürger zu stigmatisieren, kann so nicht verfangen. Es handelte sich nicht, wie der Beamte meinte, um »Anti-Flüchtlings-Proteste«, sondern um Protest gegen die Weigerung des Staats, für Integration zu sorgen. Die Unruhe richtete sich auch nicht gegen »scheinbare Schwächen« des politischen Systems, sondern gegen nicht zu übersehende Missstände.

Politisch korrekte Anfeindungen mussten sich auch Sahra Wagenknecht und Alice Schwarzer gefallen lassen, die zur Großdemonstration »Aufstand für Frieden« gegen Waffenlieferungen an die Ukraine aufriefen. Hauptvorwurf: Sie hätten Verschwörungsideologen eine Bühne geboten und sich nicht abgegrenzt. Auch wer in der Sache anderer Ansicht ist, sollte solche Einschüchterungsversuche ablehnen. Es ist bezeichnend für den grünen Kulturkampf, dass ausgerechnet die Partei, die als Protestbewegung begann, heute über das Demonstrationsrecht die Nase rümpft – wenn die »Falschen« demonstrieren. Es entbehrt auch nicht der Ironie, dass ehemalige Vorzeigelinke wie Alice Schwarzer und Sahra Wagenknecht davon betroffen sind. Deutschland braucht mehr Protest, nicht weniger.

Volksaufstand? Annalena Baerbock traf das Zauberwort sogar im Plural: Wenn das Gas ausbleibe im Winter, »dann können wir als Deutschland überhaupt gar keine Unterstützung für die Ukraine mehr leisten, weil wir dann mit Volksaufständen beschäftigt sind«. So weit ist es nicht gekommen. Wie der nächste Winter wird, wissen wir noch nicht. Doch hängt die zunehmende Bereitschaft zu Protest gewiss nicht davon ab, ob die Außentemperaturen angenehm sind.

Erstmals war bürgerlicher Aufruhr 2010 zu beobachten; er richtete sich gegen den Bahnhofsbau in Stuttgart. Prompt wurden die protestierenden Bürger als »Wutbürger« diffamiert. Zehn Jahre später versammelten sich ebenfalls in Stuttgart, was kein Zufall sein kann, Bürger gegen die Freiheitsbeschränkungen der Covidpolitik. Wieder wurden sie denunziert, diesmal als »Querdenker«. Einst galten Querdenker als eher linke Freigeister; heute ist das Prädikat für »neurechte« Feinde des linken Weltbilds reserviert.

Für Protest oder gar Aufruhr sind die Deutschen insgesamt nach wie vor schwer zu haben. Auf die Straße gehen sie meist nur, wenn Berufsverbände, Gewerkschaften oder NGOs dahinter stehen. Noch füllt kein Volk der Welt seine Steuererklärungen penibler aus als das deutsche. Kaum jemand wagt sich über eine rote Ampel, nicht mal auf der Flucht.

In Frankreich hat der Schriftsteller Michel Houellebecq im Dezember 2022 in der Zeitschrift *Front Populaire* vor »Anschlägen und Schießereien in Moscheen und Cafés, die von Muslimen besucht werden«, gewarnt. Die »Stammbevölkerung« werde sich in Vierteln mit islamischen Mehrheiten zur Wehr setzen. Anstiftung zur Unruhe wurde ihm durchaus vorgeworfen, doch insgesamt wird die Debatte im Nachbarland ohne Berührungsängste geführt. Würde ein Deutscher über Berliner Problemviertel reden wie Houellebecq über Paris, würde er erbarmungslos ausgestoßen. Empörung, Abscheu und Entsetzen würde seine »Hetze« auslösen, statt über die Sache, über die misslungene Integration und die innere Sicherheit zu diskutieren. In Frankreich ist Houellebecq ein hoch angesehener Public Intellectual, eine Figur, wie sie in Deutschland nicht zu finden ist.

Die deutschen Debatten haben die Abmessungen der politischen Korrektheit zu beachten. Nach massiven Gewaltattacken überwiegend islamischer Jugendlicher gegen Polizei und Feuerwehr in der Silvesternacht 2022 wurde zum Beispiel darüber gestritten, ob über die Herkunft der Täter überhaupt gesprochen werden dürfe. Es fehlten solide Informationen, trotzdem sollten die Vornamen gewalttätiger deutscher Staatsangehöriger nicht zur Beurteilung herangezogen werden. Das Juste Milieu leugnet die Tatsache, dass islamische Einwanderer den Staat verspotten, seine milden Gesetze belächeln und seine Leitkultur – die viele Deutsche selbst für überholt halten – ignorieren, weil dieser Staat nicht die geringste Integrationsleistung verlangt.

Der SPD-Politiker Heinz Buschkowsky, ehemals Bürgermeister von Neukölln und Ziehvater von Berlins Regierender Bürgermeisterin Franziska Giffey, sieht die Lage nicht anders als der französische Schriftsteller. »Die Frage ist doch: Wie wehrhaft will unser Staat denn sein?« Gewalt gegen Sachen und Menschen wird toleriert. Dadurch steigt die Verachtung für den Staat. Auf beiden Seiten, bei den jungen Einwanderern wie bei den Rechten, die sie weghaben wollen. »Was meinen Sie, was der Nährboden der AfD ist?«

Um echte Unruhen zu verhindern, muss die Politik zum Handeln veranlasst, notfalls gezwungen werden. Unruhe ist unvermeidlich. Und zwar nicht nur, wenn es um Zuwanderung geht, sondern auch, wenn die irrationale Klima- und Energiepolitik die Bevölkerung, wenn die große Krise und die große Transformation einer ideologisierten politischen Klasse die breite Mehrheit der Bevölkerung drangsalieren.

Dann muss das Volk den Schuss abgeben, den die Regierenden nicht überhören. Was die abgehobene Frau Baerbock vom Sockel ihrer Macht herab »Volksaufstände« nennt, könnte am Ende dem Frieden und dem Zusammenhalt in der Gesellschaft besser dienen als die reformbedürftigen Institutionen dieser Demokratie. Wer macht ihr Beine? Und wie? In der Not benötigt die Vernunft auch Mittel, die gemeinhin als unvernünftig abgetan werden.

Gelbe Westen auch in Deutschland? Scholz hat zweifellos Angst davor. Anders als sein Wirtschaftsabbauminister Habeck vermag er durchaus zu unterscheiden zwischen dem links-grünen Milieu, das den Diskurs vor allem dank der Medien bestimmt, und der drangsalierten bürgerlichen Mitte. Scholz muss seinen Blick nur gen Westen richten, wo Präsident Macron auf den Straßen der Zahn der Selbstherrlichkeit gezogen wird. In Deutschland wird gern mit dickem Finger auf Frankreich gezeigt. Seht da! So wollen wir nicht sein. Wir sind das Land, indem es Umsturz nur von oben herab geben darf und dann Transformation heißt. Die Deutschen halten den Staat für den natürlichen Erziehungsberechtigten der Bürger. Die Franzosen dagegen glauben, notfalls die Regierung erziehen zu können. Die Deutschen beißen sich lieber selbst in den Arsch als in die Hand, von der sie gefüttert zu werden hoffen. Aber vielleicht lernen sie in höchster Bedrängnis ja noch, was Gelbwesten sind und was den Nachbarn gegen die versagende Classe Politique gelingt. Warum nicht, wenn die Regierenden nur diese Sprache verstehen?

Der Versuch, Demonstranten als Rechtsradikale und AfD-Anhänger zu diskreditieren, wird nicht mehr funktionieren, sobald ihre Zahl unübersehbar geworden ist. So wie in Erding, so wie schon lange in Frankreich. Dort sind es mehrere Millionen, die nur zu einem kleinen Teil Le Pen wählen. Denn die Nationalisten stehen für Law and Order. Die libertäre Revolte hingegen kämpft für die individuelle Freiheit. In Frankreich vereint die Protestbewegung alle, die sich vom Staat bedroht fühlen und deshalb ihr Vertrauen in die politischen Parteien verloren. Die anarchische Bewegung ist weder rechts noch links einzuordnen. Deshalb kann sie nicht homogen sein – was die grünen Medien nicht daran hindern wird, sie als rechten Abschaum abzustempeln.

Grund genug gäbe es für einen Generalstreik der Bürger. Anders als die Gewerkschaften, die nur für Tarife streiken dürfen, streiken die Bürger gegen Gesetze. Warum haben sie es nicht längst getan? Weil die Deutschen vom Sozialstaat gezähmt sind. Zweifellos eine große Errungenschaft der Bonner Republik. Aber nicht mehr in der gegenwärtigen Berliner Republik, deren politische Klasse die Geschäftsgrundlage zwischen Bürgern und Staat mit dem Klimadiktat mutwillig zerschlägt.

Coda.
Die Entfesselung des Bürgers

»**Mehr Anarchie wagen!**« hatte ich spontan aufs erste, leere Blatt geschrieben, ohne groß darüber nachzudenken. Ein vorläufiger Arbeitstitel, etwas mit Sarkasmus, etwas zwischen Zorn und Witz, die es in diesem freudlos gewordenen Land schwer haben. Jetzt steht der Arbeitstitel immer noch da. Mehr Anarchie? Echt?
Es gibt in diesem Land doch nicht die leiseste anarchische Regung. Wie viel wäre mehr von nichts? Und wäre Anarchie überhaupt statthaft? Natürlich nicht. Was nicht ausdrücklich erlaubt ist, ist hierzulande verboten. Also, was soll das? Hier ist selbstverständlich nicht von der »Staatsform« der Anarchie die Rede, sondern vom anarchischen Geist.

Von Anarchie haben die Deutschen nie etwas gehalten. Sie sind ganz und gar erfüllt von Ordnungsliebe und Staatstreue. Sie folgten unerschütterlich Kaiser und Vaterland und erwiesen sich im Guten wie im Bösen als perfekte Untertanen. Warum sollten sich ausgerechnet Konservative ändern? Zumindest in demokratischen Zeiten haben die rechtschaffenen Deutschen ihre bürgerlichen Tugenden nie infrage gestellt. Warum sollte sich das jetzt ändern? Nur wegen ein bisschen Niedergang und Kulturkampf? Als ob es das noch nie zuvor gegeben hätte. Ja, aber anders.

Von einer schlagkräftigen Minderheit wird dieses Land deformiert. Die biederen Bürger wollen es immer noch nicht wahrhaben. Sie lassen die Brandstifter herein, bitten sie an ihren Tisch. Die gehen schon wieder, denken sie, die werden schon noch vernünftig, sind im Grunde so bieder wie wir. So sind sie eben, die Jungen. Man kann sie doch auch verstehen: So wie wir Raubbau mit der Natur betrieben haben, kann es nicht weitergehen. Stimmt. Aber das, was die Grünen und Linken über unsere Köpfe hinweg anrichten, ist falsch. Es schadet, ohne zu helfen. Es ist kein Umbau, sondern Abriss.

Ein beträchtlicher Teil der bürgerlichen Mitte ist eingeknickt, macht mit, biedert sich an. So ist er, der Bürger. Er schätzt Konsens und Harmonie. Notfalls versucht er es mit Appeasement. Haben doch alle irgendwie Recht und sollen Recht bekommen. Alles soll seine gute Ordnung haben. Aber es ist nicht mehr viel in Ordnung. Das sagen zwar auch die Freitags-Kinder und die von der *Last Generation*. Aber die meinen etwas ganz anderes. Es geht um den vernünftigen Umgang mit den begrenzten Ressourcen dieser für zehn Milliarden Menschen zu eng gewordenen Welt. Vernünftig ist das Gegenteil dessen, was die Grünen anstellen. Und darüber hinaus geht es um nichts Geringeres als um die Bewahrung unserer westlichen Lebensform.

Wir schwimmen auf der besten Titanic, die wir je hatten, und hoffen, der Eisberg, auf den wir gerade sehenden Auges zusteuern, werde noch rechtzeitig schmelzen. Es lebe der Klimawandel! Ja, so sind wir.

Aber vielleicht ist es schon zu spät. »Ein Knirschen. Ein Scharren. Ein Riß. / Das ist es. Ein eisiger Fingernagel, / der an der Tür kratzt und stockt. // Etwas reißt. / Eine endlose Segeltuchbahn, / ein schneeweißer Leinwandstreifen, // der erst langsam, / dann rascher und immer rascher / und fauchend entzwei reißt. // Das ist der Anfang. / Hört ihr? Hört ihr es nicht?« Hans Magnus Enzensberger hat vor fast einem halben Jahrhundert, tief in der Bonner Republik, das Gefühl in Zeilen gebannt, das uns heute in der Berliner Republik erfasst. Etwas ist geschehen, wir wissen nicht was, etwas Irritierendes, Befremdliches, noch wollen wir es für harmlos halten, wiegen uns in falscher Sicherheit.

Die Beschwichtigungsversuche an Bord werden den Untergang nicht aufhalten. Wenn wir sinken, sinken wir mit Mann und Maus. Ich übertreibe. Es soll ja auch niemand das Schiff verlassen. Es führt ohnehin keine Rettungsboote mit sich.

Es geht nur um ein wenig weniger Wohlstand, behauptet die Besatzung. Der Wohlstand wird absaufen, zweifellos. Es geht auch nur darum, wie wir die Welt sehen und welchen Platz wir in ihr finden sollen. Es geht nur darum, was wir denken sollen. Es geht nur um unsere Freiheit. War sie uns jemals wichtig? Oder immer erst dann, wenn sie verschwunden war?

Es ist Revolution, aber niemand nimmt das Wort in den Mund. Wir sagen stattdessen: »Transformation«. Die sympathischen Puritaner, die an der Tür kratzen, sind keine Stalinisten und keine Faschisten. Allenfalls ein wenig faschistoid – nicht wenige von ihnen. Sie tragen ein härenes Gewand. Vollkommen humorlos lächeln sie uns an. Sie schreien nicht. Sie fuchteln nicht mit dem Gewehr herum. Wir hören die einschläfernde Stimme eines Olaf Scholz. Mit tantenhaftem Ton liest Robert Habeck uns seine Gute-Nacht-Geschichten vor. Ja, gute Nacht! Wenn wir aufwachen, ist die Welt eine andere.

Diese Revolution kommt ohne Revolutionäre aus. Sie kommt, wie es sich in Deutschland gehört, von oben. Von denen, die wir gewählt haben. Aus Gewohnheit, aus Schwäche, aus Unachtsamkeit, aus Verblendung – oder sagt man besser Blindheit?

Mal ganz ruhig, junger Mann! Die Grünen haben bereits überzogen, heißt es. Mit ein wenig Geduld und Spucke wird alles gut. Als ob ein paar verlorene Wahlen alles ändern könnten! Eine ideologisch verbohrte Bewegung ist nicht mit solchen Dämpfern zu stoppen. Der Angriff auf die Kultur geht auch nicht allein von einer verpeilten Partei aus. Nur die bisher schweigende Mehrheit der Bürger kann die generelle Richtung ändern. Letztlich haben nicht nur Parteien, sondern hat die Zustimmung der nicht schweigenden woken Bürger das Land auf die schiefe Bahn gebracht. Das Kap der Guten Hoffnung ist eine stürmische Ecke und wir haben es noch lange nicht passiert. Nichts ist passiert.

Vielleicht ist das Bild der Titanic etwas übertrieben. Mir kommt ein anderes in den Sinn. Die Meuterei auf der Bounty. Nur, dass es zur Meuterei zu spät ist, weil auf der deutschen Bounty niemand weiß, wie man das anstellen sollte und sich die Mannschaft ohnehin nicht einig ist. Sie lässt sich lieber tyrannisieren von einem doch im Grunde vernünftigen und menschenfreundlichen Kapitän. Wir würden ihn niemals aussetzen und seinem Schicksal überlassen. Solange wir tun, was er sagt, werden wir schon irgendwo landen, wo es genug Kokosnüsse für alle gibt. Bis dahin hat uns zwar der Skorbut alle Zähne geraubt. Doch jedes Schiff, das dampft und segelt, braucht einen, der das Ganze regelt. Und das ist nun mal Kapitän Grün.

Um im schaurigen Bild zu bleiben: Wir haben de facto die Wahl, ob wir uns lieber gleich die Zähne ausreißen lassen (unter Narkose, alles nach neuestem medizinischen Standard, die Kasse zahlt) oder geduldig warten, bis sie uns von allein ausfallen.

Ob wir nicht besser doch selbst einen Blick auf die Seekarte riskieren sollten und das Steuerrad herumreißen?

Wir? Wer sind wir? Wir sind nicht Passagiere, die bezahlen, ohne zu wissen, wohin die Reise führen wird. Wir haben vergessen, dass uns das Schiff gehört. Wenn wir die Mannschaft feuern wollen, müssen wir im schweren Wetter schon selbst mit anpacken. Das wäre keine Meuterei. Es wäre ein Rettungsversuch.

Kollektiv sitzen zu viele auf der Backbordseite, auf die der Zeitgeist das Schiff ohnehin drückt. Wenn es sich wieder aufrichten soll, müssen die Bürgerlichen ihr Gewicht auf der Gegenseite geltend machen. Dort, wo das Steuer steht. Stattdessen ziehen sie Rettungswesten an und kauern sich ängstlich in die Mitte. Wir rufen nicht gleich die Anarchie aus, wenn wir einsehen: Weniger Einheit täte gut.

Wären wir anarchischer gesonnen, wüssten wir, dass der Staat mehr Probleme als Lösungen zu bieten hat. Der überbordende Staat ist selbst ein Problem.

Ohne den Geist der Anarchie wird sich nichts ändern. Er ist ein Mittel gegen die Duldsamkeit, mit der die Deutschen gerade ihrem eigenen Niedergang entgegensehen. Der anarchische Geist will die Demokratie nicht demontieren, wie die Verfechter der politischen Korrektheit zweifellos behaupten werden. Im Gegenteil: Wir wollen die Demokratie ertüchtigen. Der anarchische Geist steht nicht für Haltlosigkeit, sondern beweist Haltung gegenüber der herrschenden Haltungsdiktatur. Er bläst den Woken scharf ins Gesicht.

Vom anarchischen Zorn ermuntert, widersetzen wir uns der totalen Betreuung. In Obhut fühlen sich die Deutschen wohl. Ach, wären Sie stattdessen einfach nur besser auf der Hut!

Anarchisch ist letztlich ein anderes Wort für frei. Frei klingt nur etwas akzeptabler, korrekter. Noch. Die Korrekten haben die Freiheit stigmatisiert. Und die Bürgerlichen haben es bisher ertragen. Mehr Anarchie, die Herrschaften!

Der Anarchist galt einst als Antityp des Bürgers. Da es der bürgerlich-westlichen Lebensform an den Kragen geht, bleibt nichts anderes übrig, als um der Freiheit Willen einen bürgerlichen Anarchismus zu entwickeln. Was das heißt? Die Autonomie des Einzelnen zu stärken und zu steigern ist das Ziel. Diese Einstellung gilt als libertär (es war weiter oben von libertärem Autoritarismus die Rede).

Der libertäre Bürger kann und will seiner Verantwortung für das Ganze nicht entgehen. Man muss ihn nur lassen. Es wäre falsch, dem anarchischen Geist bürgerliche Tugenden abzusprechen. Selbstbestimmung und Mitbestimmung gehören zusammen. Das eine ist nicht ohne das andere zu haben.

Die Deutschen erleben gerade die Entzauberung ihres Staates. Ach, ginge mit ihr doch die Entfesselung des libertären Bürgers einher.

Der gesunde Menschenverstand kommt heute nicht mehr ohne anarchische Lust aus. Die Humorlosen, Witzlosen,

Geistlosen – das sind die anderen. Die von Moral triefenden Magersüchtigen, die unmäßigen Bettelbrüder.

Ohne mehr Anarchie gelingt es nicht, die Teufelskreise der Politik zu durchbrechen. Ohne mehr Anarchie wird der Klimafundamentalismus nicht gestoppt. Ohne mehr Anarchie wird der Kampf gegen den Genderwahnsinn nicht bestanden. Ohne mehr Anarchie steckt Deutschland fest im woken Konformismus.

Es herrscht zumindest eine gewisse Verwirrung darüber, was noch normal ist in diesem Land und was nicht. Diese Verwirrung ist eine Quelle anarchischer Gesinnung.

Der anarchische Geist ist die Waffe der Normalen gegen die Abnormalen. So weit ist es gekommen. Es bleibt uns nichts anderes übrig, als es zu akzeptieren. Wir müssen mehr Anarchie wagen.

Die Abnormalen wollen uns einreden, wir seien nicht mehr normal. Das Wort hat zwei Bedeutungen. In diesem Fall sind beide gemeint. Die Normalen entsprechen quantitativ wie qualitativ nicht mehr der Norm. Sie zählen weniger und sind auch geistig aus der Norm gerückt, also verrückt.

Die Abnormalen haben das Sagen. Deshalb halten sie sich und ihre Politik für normal. Sie kommen nicht auf den Gedanken, diese Republik könnte nicht mehr normal sein, weil sie das Sagen haben.

Es kommt also nicht auf den Begriff der Anarchie an, sondern auf deren Bedeutung. Der bürgerliche Anarchist ist der letzte Liberale.

Wenn die Verteidiger des Bürgerlichen gegen Regeln verstoßen müssen, um sich zu behaupten, bleibt ihnen nichts anderes übrig, als den Nutzen des Regellosen, mithin des Anarchischen zu erkennen.

Die Herrschenden versuchten stets, den anarchischen Geist zu diffamieren. Er erscheint ihnen zurecht als gefährlich. Deshalb erfuhr der ursprünglich neutrale Begriff Anarchie eine Abwertung – ähnlich wie die Wörter Polemik oder Querdenker oder Skepsis.

In Anarchie sahen einige große Deutsche durchaus Positives, ja Notwendiges. Kant definierte sie als »Gesetz und Freiheit ohne Gewalt«. Der liberale Publizist Ludwig Börne brachte es so auf den Punkt: »Nicht darauf kommt es an, daß die Macht in dieser oder jener Hand sich befinde: die Macht selbst muß vermindert werden, in welcher Hand sie sich auch befinde. Aber noch kein Herrscher hat die Macht, die er besaß, und wenn er sie auch noch so edel gebrauchte, freiwillig schwächen lassen. Die Herrschaft kann nur beschränkt werden, wenn sie herrenlos – Freiheit geht nur aus Anarchie hervor. Von dieser Notwendigkeit der Revolution dürfen wir das Gesicht nicht abwenden, weil sie so traurig ist. Wir müssen als Männer der Gefahr fest ins Auge blicken und dürfen nicht zittern vor dem Messer des Wundarztes. Freiheit geht nur aus Anarchie hervor – das ist unsere Meinung, so haben wir die Lehren der Geschichte verstanden.«

Die Kontroverse zwischen anarchischen Individualisten und autoritären Kollektivisten reicht zurück bis in die Antike. Platon idealisierte den Staat als unfehlbar und gerecht. Weil er die Demokratie Athens hasste, schwärmte er von guten, philosophisch gebildeten Diktatoren, die es schaffen, den Menschen mit Erziehung, Gesetzen und Zensur ein gerechtes und glückliches Zusammenleben zu garantieren. Was für ein pessimistisches Menschenbild!

Karl Popper beschrieb Platon zurecht als einen der wirkungsvollsten Feinde der offenen Gesellschaft – neben den idealistischen Deutschen Hegel und Marx.

Die Philosophie des Anarchismus entwickelte der erste Stoiker, Zenon von Kition, ein Widersacher Platons. Er forderte, die Menschen sollten nicht dem Gesetz folgen, sondern ihrer eigenen Vernunft. Seine natürlichen Triebe befähigten den Menschen zu gerechtem, harmonischem und sozialem Zusammenleben. Was für ein optimistisches Menschenbild!

Platons Pessimismus findet bis heute mehr Gehör, selbst bei jenen, die sich noch nie näher damit befassten, weil sie Bildung für überflüssig und hinderlich halten. Platons verhängnisvolle Utopie ist ungebrochen populär. Sie verbirgt sich auch im Plan der großen Transformation. Immer mehr Bürger erkennen, dass diese Politik sie tyrannisiert, doch immer weniger liefert. Die links-grünen Machthaber setzen auf einen allmächtigen Staat als vermeintlicher Garantiemacht des angeblich Wahren und Guten.

Der bürgerliche Anarchist ist kein Widerspruch in sich, keine contradictio in adiecto und kein Oxymoron. Vielmehr eine unlösbare Einheit. Bürgerlichkeit und anarchischer Geist gehören heute zusammen wie Dotter und Schale. Das eine beschützt das andere. »Schöpferische Zerstörung« (Schumpeter) ist ein Begriff von ähnlicher Bedeutung. Wie die bürgerlichen Anarchisten sind auch die schöpferischen Zerstörer letztlich Bewahrer. Sie verteidigen den zivilisatorischen Fortschritt. Auch ihre Feinde halten sich für fortschrittlich. Lassen wir uns davon nicht verwirren!

In Deutschland ist auch Anarchie nur als betreute Anarchie vorstellbar. Dann ist es eben so. Warum nicht! Anarchie lässt sich organisieren. Das ist nicht paradox, sondern eine Frage der Freiheit. Mehr Anarchie: Das wäre auch eine große Transformation. Eine Transformation der Mentalität. Also wünschenswert.

Reißt, was in diesem Land gern als »sozialer Frieden« verehrt wird? Es wird sich herausstellen, dass nicht der »soziale Frieden« in die Brüche geht, sondern nur der Frieden zwischen bevormundeten Bürgern und bevormundenden Politikern. Zwischen kaum noch zu bezahlenden Mietwohnungen, kleinen Eigenheimen einerseits und Palästen andererseits, in denen die Gewählten residieren. Ja, es herrscht ein neuer Klassenkampf, wenn auch nicht im marxistischen Sinn. Eine neue Klasse maßt sich an, über Lebensumstände und Lebensart allein zu bestimmen. Der grüne Sozialismus steht nicht ein für die Kleinen, Schwachen, sondern für die Gesättigten. Ein fortschrittsfeindliches grün-sozialistisches Milieu hat sich im vermeintlichen Auftrag eines höheren Zwecks radikalisiert und missbraucht staatliche Gewalt für seine Interessen. Die bürgerliche Antwort darf nicht ausbleiben.

Wenn der Staat die Existenz der Bürger bedroht, und mit demokratischen Mitteln dagegen nichts auszurichten ist – was dann? Ehe der Wohlstand eines ganzes Volkes abbrennt, wäre es doch begreiflich, wenn auch ein paar Finanzämter brennen würden – so wie in Frankreich Rathäuser. Niemand sollte erschrecken, wenn der Zorn der Mehrheit sich auch in Deutschland entlädt.
Die Franzosen besinnen sich jedenfalls der revolutionären Wurzeln ihres Bürgertums. In den Niederlanden, einer li-

beralen Vernunftgesellschaft, gewinnt eine protestierende Bauern-Bürger-Bewegung in neun von zwölf Provinzen die Regionalwahlen. Die Italiener spielen den Staat mit anarchischer Lust aus. Wäre das nicht eine notwendige Europäisierung der politischen Kultur?

Könnten sich die Deutschen nicht wenigstens allmählich die Mentalität der Römer kulturell aneignen? Paul Nizon, der große europäische Schriftsteller Schweizer Herkunft, hat sie so beschrieben: »Alles vergeht. Alles geht zur Sau. Alles zerbröckelt und geht zugrunde (...) In Rom herrscht Anarchie. Nur sind die Römer aufgrund ihrer fatalistischen Erfahrung geschickter im Mogeln, Ausweichen und Durchlavieren. Alles wird improvisiert. Jeder Angestellte übt nebenbei noch drei weitere Tätigkeiten aus und betreibt wie in der Antike nicht irgendeinen Handel, sodass Armut weniger sichtbar ist.« (Interview *Welt*, 11.1.23). Das klingt vor dem Hintergrund hiesiger Erfahrungen nicht unbedingt abschreckend, sondern eher hoffnungsvoll.

Jedenfalls sollten wir nicht damit rechnen, dass dieser Staat noch einmal so funktionieren wird, wie wir es gewohnt waren. Optimisten sehen es so: Deutschland wird mediterranisiert: Mehr Schulden, mehr Schlamperei, mehr Staatsversagen, leider mit weniger Sonne, dafür mit etwas mehr Anarchie. Falls das ein Trost ist.

Auch als Hörbuch
ISBN 978-3-8032-9264-3

Selbstzeugnis eines großen streitbaren Denkers

Alain Finkielkraut greift Themen auf, die ihn sein Leben lang begleitet haben: die 68er-Bewegung, seine jüdische Herkunft, die Rassismusdebatte oder den Staat Israel. Er setzt sich mit intellektuellen Wegbegleitern wie Martin Heidegger, Milan Kundera oder Michel Foucault auseinander, philosophiert über seine europäische Identität und über deren Bedrohung durch den Multikulturalismus. Das Buch ist ein sehr persönlich formulierter Überblick über sein Leben aber auch eine Bilanz: über sich selbst und sein Werk und die europäische Gesellschaft.

Alain Finkielkraut
ICH SCHWEIGE NICHT
144 Seiten · ISBN 978-3-7844-3606-7

langenmueller.de

Was ist mit Deutschlands Eliten los?

Wir tun noch immer so, als seien wir die Besten der Welt. Doch unser Land und seine Eliten werden von Tag zu Tag nachlässiger und schwächer. Wie überfordert unsere Politiker sind, wurde uns im Krisen-Dreiklang des Jahres 2021 durch Corona, die Flutkatastrophe und Afghanistan dramatisch vor Augen geführt. Warum ist es so weit gekommen? Sollen Gesinnungsethiker tatsächlich das Wort führen und darf die zunehmende »Cancel Culture« immer mehr Kritiker zum Schweigen bringen?

Sigmund Gottlieb
SO NICHT! – KLARTEXT ZUR LAGE DER NATION
352 Seiten · ISBN 978-3-7844-3598-5

langenmueller.de

Deutschlands Politik gegenüber Polen?

Deutschland und Polen: Das ohnehin gespannte Verhältnis zu unserem östlichen Nachbarn hat sich durch Russlands Krieg gegen die Ukraine nochmals verschlechtert. Wie wirken sich die Spannungen auf den Aussöhnungsprozess und die Zusammenarbeit aus? Welche Rolle wird Polen in EU und NATO spielen? Rolf Nikel analysiert die aktuellen Problemfelder und gibt Empfehlungen für die künftige Zusammenarbeit.

Rolf Nikel
FEINDE, FREMDE, FREUNDE
288 Seiten · ISBN 978-3-7844-3666-1

langenmueller.de